한국 독자들에게 감사드리며,
모든 스타트업들이 1이 되기를 바랍니다.

———

피터 틸

피터 틸Peter Thiel

실리콘밸리를 움직이는 파워그룹 '페이팔 마피아'의 대부
손꼽히는 스타트업 성공 사업가이자 벤처캐피털 투자자

기업가이자 투자자. 스탠퍼드대학교에서 철학을 전공하고, 스탠퍼드 로스쿨을 졸업했다. 1998년 전자결제시스템회사 페이팔PayPal을 설립해 CEO로서 회사를 이끌었으며, 2002년 페이팔을 상장시켜 빠르고 안전한 온라인 상거래 시대를 열었다. 2004년 그는 첫 외부 투자로서 페이스북에 투자했고 페이스북 이사로 활동했다. 같은 해 소프트웨어 회사 팰런티어 테크놀로지Palantir Technologies를 출범시켰다. 팰런티어는 컴퓨터를 활용해 국가 안보 및 글로벌 금융 등의 분야에서 애널리스트들을 돕고 있다. 틸은 또한 링크트인LinkedIn과 옐프Yelp를 비롯한 수십 개의 성공적 기술 스타트업에 초기 투자자로 참여했다. 이들 기업 중 다수는 '페이팔 마피아'라는 별명이 붙은 전직 동료들이 운영하고 있다. 페이팔 마피아는 페이팔 멤버들이 실리콘밸리를 움직이는 파워그룹으로 성장하면서 붙여진 이름이다. 피터 틸은 실리콘밸리의 벤처캐피털 회사 파운더스펀드Founders Fund의 파트너이기도 하다. 파운더스펀드는 스페이스엑스SpaceX 및 에어비엔비Airbnb, 옐프Yelp 등 페이팔 마피아 멤버들이 창업한 회사 및 실리콘밸리 스타트업에 투자하고 있는데, 이런 점이 틸을 페이팔 마피아의 대부라 불리게 한다.

그는 젊은이들에게 학교 교육보다 학습을 우선하라고 권함으로써 전국적 논쟁을 불러일으키기도 했다. 틸 장학금Thiel Fellowship을 만들어 장학생으로 선정된 학생에게 대학교를 중퇴하고 창업하는 조건으로 10만 달러를 지원하기 때문이다. 그가 이끌고 있는 틸 재단Thiel Foundation 역시 기술 진보와 미래에 대한 장기적 생각을 촉진하기 위해 노력하고 있다.

블레이크 매스터스Blake Masters

법률연구 기술 스타트업 주디캐터Judicata 공동 창업자. 틸 재단의 회장이며, 틸 캐피탈의 최고운영책임자다. 2012년 스탠퍼드 로스쿨에 재학 당시, 피터 틸이 스탠퍼드에서 강의한 'CS183: Startup' 수업 내용을 꼼꼼히 필기해 블로그에 연재했는데, 이 노트가 조회수 100만 회를 넘는 등 인터넷상에서 센세이션을 일으켰다.

본문 인물 일러스트_맷 벅Matt Buck

제로투원

ZERO

to

ONE

제로투원

〈페이팔〉 공동 창업자 피터 틸

블레이크 매스터스 지음 | 이지연 옮김

한국경제신문

세상에 가치를 창조하는 방법에 관해 완전히 새롭고 참신한 아이디어를 제시한다.
— **마크 저커버그**, 페이스북 CEO

피터 틸은 여러 혁신적 회사를 세웠다. 《제로 투 원》은 그 노하우를 보여준다.
— **일론 머스크**, 스페이스엑스 및 테슬라 CEO

위험을 감수할 줄 아는 인물이 쓴 책은 반드시 읽어볼 필요가 있다. 피터 틸이 쓴 책이라면 두 번, 아니 세 번도 읽어볼 만하다. 고전이 될 책이다.
— **나심 니콜라스 탈레브**, 《블랙 스완》 저자

부단한 개선이 필요한 대기업에도, 이제 막 시작하는 기업가에게도 중요한 시사점을 준다. 우선 읽어보라. 그리고 틸의 비판을 겸허히 수용하라. 그런 다음 아무도 예상치 못할 기업을 세워라.
— **제프 이멜트**, GE CEO

피터 틸은 성공한 기업가이자 투자자일 뿐만 아니라 우리 시대 최고의 지식인 중 한 명이다. 왜 그런지는 이 책을 읽어보면 엿볼 수 있다.
— **타일러 코웬**, 조지메이슨대학교 경제학과 교수

내가 읽어본 경영서 중에서 최고다. 틸은 명료한 표현과 간결한 문체로 트위터에 꼭 링크해야 할 한 편의 논문을 만들어냈다. 끊임없이 생각을 일깨우는 책이다.
— **데릭 톰슨**, 〈애틀랜틱〉 선임 편집자

지금 기업가이거나 장차 기업가가 될 사람이라면 제일 먼저 읽어야 할 책이다. 이론의 여지가 없다.
- **마크 앤드리슨**, 넷스케이프 공동 설립자 및 벤처 투자가

모든 사람이 필독해야 할 유일한 책이다. '제로Zero'들의 세상에 '원 One'과 같은 책이다.
- **닐 스티븐슨**, SF 소설 《크립토노미콘》 작가

똑 소리 나게 명료하고 이성적이면서도 현실적인 책이다. 장차 기업가가 되려는 포부를 가진 사람들뿐만 아니라 도처에 만연한 암울한 세계 전망의 대안을 찾는 모든 이들이 읽어야 할 책이다.
- 〈이코노미스트〉

철학과 역사, 경제, 인류학, 문화 전반에 걸친 다양한 독서를 통해 나온 생각들이 펼쳐진 이 책은 틸을 현재 미국에서 활동하는 지식인들 중 제일 선두에 세우고 있다.
- 〈포천〉

발전의 침체와 틀에 박힌 관행들, 맥 빠지게 만드는 생각들에 강력한 반론을 제기한다. 틸은 우리가 상상력을 되살려 대대적인 발명에 나서야 한다고 촉구한다.
- 〈뉴 리퍼블릭〉

틀에 박힌 논리들을 강력하고도 통렬하게 비판한다. 회사를 세우려는 사람이라면 가장 먼저 읽어야 할 책이다.
- 커커스 리뷰

| 차례 |

머리말

0이 1이 되려면

비즈니스의 세계에서 모든 순간은 단 한 번밖에 일어나지 않는다. 앞으로 그 누구도 컴퓨터 운영체제를 만들어서 제2의 빌 게이츠Bill Gates(마이크로소프트 창업자)가 될 수는 없다. 검색엔진을 만들어서 제2의 래리 페이지Larry Page나 세르게이 브린Sergey Brin(구글 창업자들)이 될 수도 없으며, 또다시 소셜 네트워크를 만들어 제2의 마크 저커버그Mark Zuckerberg(페이스북 창업자)가 될 수도 없다. 이들을 그대로 베끼려는 사람이 있다면 정작 이들로부터 아무것도 배우지 못한 것이다.

물론 새로운 것을 만드는 것보다는 기존의 모형을 모방하는 게 더 쉽다. 하지만 어떻게 하면 되는지 사람들이 이미 알고 있는 일을 다시 해봤자 세상은 1에서 n이 될 뿐이다. 익숙한 것이 하나 더 늘어날 뿐이라는 말이다. 그러나 뭔가 새로운 것을 창조하면 세상은 0에서 1이 된다. 창조라는 행위는 단 한 번뿐이며, 창조의 순간도 단 한 번뿐이다. 그 한 번의 창조로 세상에는 낯설고 신선한 무언가가 처음으로 생겨난다.

'새로운 것을 창조' 하는 이 어려운 과제에 투자하지 않는다면, 지금 아무리 엄청난 이익을 내고 있다 해도 미국 기업들은 문을 닫게 될 것이다. 우리가 물려받은, 늘 하던 그 사업을 개선하고 또 개선해서 쥐어짤 수 있는 건 다 짜냈을 때 그때는 무슨 일이 벌어질 것인가? 믿기지 않겠지만, 그때는 2008년의 위기 따위는 우습게 보일 만큼 커다란 위기가 찾아올 것이다. 오늘의 '모범 사례' 는 우리를 막다른 길로 이끌 뿐이다. 우리를 성공으로 이끄는 것은 아직 가보지 않은 길, 새로운 길이다.

공공 부문에서도, 사기업에서도 이미 거대한 행정 관료주의가 판치는 세상에 새로운 길을 찾겠다고 하면 기적을 바라는 사람처럼 비칠지도 모른다. 또 실제로 미국에서 회사 하나가 성공하려면 수백, 수천 개의 기적이 필요한 것도 사실이다. 그러나 인간이 다른 종들과 구별되는 것은 기적을 만들 수 있기 때문이다. 바로 그 기적을 우리는 '기술technology' 이라고 부른다.

기술이 기적인 이유는 '더 적은 것으로 더 많은 일을' 하게 해주기 때문이다. 기술은 우리가 가진 보잘것없는 능력을 고차원적 수준으로 끌어올려 준다. 다른 동물들은 그저 본능에 따라 댐을 쌓고 벌집을 만들지만, 인간만큼은 유일하게도 새로운 것을 발명할 수 있고 기존의 것을 더 잘할 수 있는 방법을 찾아낸다. 무엇을 만들지 결정할 때, 인간은 미리 주어진 선택지 중에서 하나를 고르는 것이 아니라 새로운 기술을 창조해 세상에 대한 계획을 새로 쓴다. 초등학교 2학년 때나 배울 법한 이 기초적인 사실을 우리가 자주 잊어버리는 이유는, 우리가 살고 있는 이 세상이 대부분 했던 일을 반복하는 세상이기 때문이다.

이 책은 새로운 것을 창조하는 회사를 만드는 방법에 관해 다룬다. 페이팔PayPal과 팰런티어Palantir를 공동으로 설립했고, 페이스북과 스페이스엑스SpaceX를 포함한 수백 개의 스타트업startup(주로 실리콘밸리 쪽의 신생 벤처기업을 이르는 말—옮긴이) 기업에 투자자로 참여하고 있는 내가 그동안 알게 된 모든 것을 이 책에 담았다. 그동안 나는 성공과 실패의 수많은 패턴을 발견했고, 그 내용을 여기에도 공유할 생각이지만 그렇다고 이 책에 성공의 절대 공식이 등장하는 것은 아니다. 기업가 정신을 아무리 알려주고 싶어도 알려줄 수 없는 이유는, 그런 공식은 필연적으로 존재할 수가 없기 때문이다.

모든 혁신은 그동안 세상에 없던 것을 만들어낸 것이므로 혁신의 방법을 구체적 단어로 알려줄 수 있는 사람은 아무도 없다. 실제로 내가 발견한 가장 강력한 패턴은 성공한 사람들은 예기치 못한 곳에서 가치를 찾아낸다는 사실이었다. 그들이 그렇게 할 수 있었던 것은 어떤 공식을 따라 해서가 아니라 사업을 생각할 때 가장 기본적인 원칙에 충실했기 때문이다.

이 책이 나오게 된 것은 2012년에 내가 스탠퍼드대학교에서 강의한 스타트업(CS 183: Startup)에 관한 수업이 발단이었다. 대학생들은 몇몇 전공 분야에서는 고도의 전문적 기술을 습득하기도 하지만,

정작 그 능력으로 더 넓은 세상에서 무엇을 할 수 있는지에 관해서는 아무것도 배우지 못한다. 그래서 당시 수업을 진행하며 내가 가장 역점을 두었던 부분도 학생들이 학교의 전공이 정해주는 진로를 넘어서 스스로 만들어갈 수 있는 더 넓은 미래를 볼 수 있게 도와주는 것이었다.

　이런 내 수업 내용을 학생 중 한 명이던 블레이크 매스터스가 꼼꼼히 기록했고, 그 노트가 인기를 얻어 학교 밖으로까지 돌아다니게 되었다. 결국 나는 블레이크와 함께 그 노트를 수정해 더 많은 사람들에게 도움이 될 수 있는 한 권의 책으로 엮기로 했고, 그렇게 나오게 된 것이 바로 이 책이다. 새로운 미래를 열어갈 사람이 반드시 스탠퍼드에만, 대학에만, 혹은 실리콘밸리에만 있으란 법은 없지 않은가.

1

미래를 향해
도전하라

사람을 채용하려고 면접을 볼 때 내가 자주 하는 질문이 하나 있다.

"정말 중요한 진실인데 남들이 당신한테 동의해주지 않는 것은 무엇입니까?"

직설적이고 쉬운 질문일 것 같지만, 실제로는 아주 답하기 어려운 질문이다. 우선 지적인 측면에서 이 질문은 답하기가 쉽지 않은데, 왜냐하면 우리가 학교에서 배우는 모든 지식은 당연히 사람들이 모두 동의한 내용이기 때문이다. 또 이 질문은 심리적으로도 답하기가 매우 어려운데, 왜냐하면 응답자는 그게 일반적 견해가 아니라는 것을 알면서도 대답을 해야 하기 때문이다. 뛰어난 생각은 흔치 않다. 하지만 천재적인 아이디어보다 더 희귀한 것은 바로 용기다.

면접 때 내가 자주 듣는 대답은 다음과 같은 것들이다.

"망가진 우리 교육 시스템을 고치는 일이 시급합니다."

"미국은 예외적인 나라예요."

"신은 없습니다."

이것들은 모두 좋은 대답이 아니다. 첫 번째와 두 번째는 진실일 수도 있지만 그렇게 생각하는 사람이 이미 많고, 세 번째는 아주 흔한 논쟁의 한쪽 주장일 뿐이다. 반면에 좋은 대답은 다음과 같은 형식을 취해야 한다.

"대부분의 사람은 X라고 믿지만, 진실은 정반대예요."

나 자신이 어떤 대답을 갖고 있는지는 이 장의 뒷부분에서 확인하게 될 것이다.

그렇다면 통념과 반대되는 생각을 묻는 이 질문이 미래와 대체 무슨 관련이 있는 걸까? 가장 좁은 의미로 말할 때, 미래란 아직 오지 않은 순간들의 총합이다. 그러나 미래가 현재와 뚜렷이 구별되고 또 중요한 이유는 아직 일어나지 않은 순간이라서가 아니다. 미래가 중요한 것은 그때가 되면 세상이 지금 우리가 보는 세상과는 다를 것이기 때문이다. 따라서 우리 사회가 앞으로 100년간 조금도 바뀌지 않는다면, 미래는 아직 100년도 더 남은 일이 된다. 하지만 앞으로 10년간 많은 것이 급격히 바뀐다면, 미래는 바로 코앞에 와 있는 셈이 된다.

미래를 정확히 예견할 수 있는 사람은 아무도 없다. 그러나 두 가지 사실만큼은 확실하다. 첫째, 미래는 지금과는 다를 것이라는 점과 둘째, 그래도 미래의 뿌리는 현재의 세상일 것이라는 점이다. 사람들이 통념과 반대되는 의견이라고 말하는 답들은 대부분 현재를 바라보는 시각의 차이를 드러낸다. 여기에 훌륭한 대답을 내놓을 수 있다는 것은 그만큼 그 사람이 미래를 잘 들여다본다는 뜻이다.

0에서 1로: 진보된 미래

미래를 생각할 때 우리는 진보된 미래를 꿈꾼다. 이때의 진보란 둘 중 하나다. 먼저 '수평적 진보' 내지는 '확장적 진보'가 있다. 이는 효과가 입증된 것을 카피하는 것, 즉 1에서 n으로 진보하는 것을 뜻한다. 수평적 진보는 우리가 이미 그 모습을 알고 있으므로 쉽게 상상이 된다. 두 번째는 '수직적 진보' 내지는 '집중적 진보'다. 이는 새로운 일을 하는 것, 즉 0에서 1로 진보하는 것을 뜻한다. 수직적 진보는 아무도 한 적이 없는 일을 하는 것이기 때문에 쉽게 상상이 되지 않는다. 한 개의 타자기를 보고 100개의 타자기를 만들었다면 수평적 진보를 이룬 것이다. 한 개의 타자기를 본 다음 워드프로세서를 만들었다면 수직적 진보다.

거시적 측면에서 수평적 진보를 한 단어로 표현하면 '글로벌화globalization'가 된다. 글로벌화는 한 곳에서 성공한 것을 모든 곳에서 성공하게 만드는 것이다. 이런 글로벌화의 패러다임을 잘 보여주는

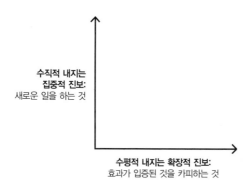

수직적 내지는
집중적 진보:
새로운 일을 하는 것

수평적 내지는 확장적 진보:
효과가 입증된 것을 카피하는 것

사례가 바로 중국이다. 중국의 20개년 계획은 지금의 미국처럼 되는 것이다. 중국은 그동안 선진국에서 성공한 것이라면 무엇이든 가리지 않고 노골적으로 카피해왔다. 19세기의 철도사업, 20세기의 에어컨은 물론이고 도시 하나를 통째로 카피하기도 했다. 카피하는 과정에서 몇 단계를 생략할 수는 있겠지만(예를 들어 유선 인터넷을 건너뛰고 무선 인터넷으로 직행한다든지) 그래도 카피는 여전히 카피일 뿐이다.

한편 수직적 진보를 한 단어로 나타내면 '기술technology'이 된다. 최근 몇십 년간 빠르게 진보한 IT 기술 덕분에 실리콘밸리는 '기술'의 메카가 되었다. 하지만 기술이 반드시 컴퓨터 기술이어야 하는 것은 아니다. 말뜻을 제대로 이해한다면, 새롭고 더 나은 방식으로 무언가를 가능하게 해주는 것은 모두가 '기술'이다.

'글로벌화'와 '기술'은 서로 다른 형태의 진보이기 때문에 동시에 두 가지를 모두 달성할 수도 있고, 어느 한 가지만 달성하거나 또는 그 어느 것도 달성하지 못할 수도 있다. 예컨대 1815년에서 1914년

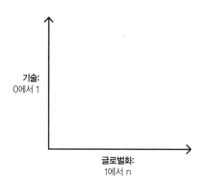

까지는 급격한 기술 발전과 글로벌화가 동시에 이뤄진 시기였다. 제
1차 세계대전부터 키신저가 중국을 방문한 1971년까지의 시기에는
기술은 빠르게 발전했지만, 글로벌화는 많이 진행되지 않았다. 1971
년 이후에는 글로벌화는 빠르게 진행되었으나, 기술 발전은 대부분
IT 분야로 한정되었다.

이렇게 한동안 글로벌화가 진행되고 나니 자연히 다들 향후 몇십
년간은 여러 가지 융합과 획일성이 확대될 거라고 생각하게 되었다.
우리가 일상적으로 쓰는 몇몇 용어들만 보더라도 우리는 기술의 역
사적 종말 같은 것을 믿고 있는 것 같기도 하다. 세계를 소위 '선진국
(영어로는 'developed', 즉 '개발이 완료된' 국가)'과 '개발도상국(영어로는
'developing', 즉 '개발 중인' 국가)'으로 나눈다는 것부터가 선진국들은
이미 성취할 수 있는 것을 모두 이루었고 빈곤국들은 그저 따라잡아
야 한다는 뜻을 포함한다.

하지만 내 생각은 다르다. 통념과 반대되는 의견에 관한 내 대답도

바로 이 부분에 관한 것이다. '대부분의 사람들은 글로벌화가 전 세계의 미래를 결정할 거라고 생각하지만, 진실을 말하자면 기술이 더 중요하다.' 기술의 변화 없이 앞으로 20년간 중국이 에너지 생산량을 2배로 늘린다면 대기 오염 역시 2배가 될 것이다. (지금 우리가 가진 기술들만 이용해서) 인도의 수억 가구가 지금의 미국인들과 똑같은 식으로 살겠다고 한다면 환경적 재앙이 초래될 것이다. 부를 창출하려고 전 세계에 옛날 방식을 전파한다면 세상은 부유해지기는커녕 황폐화되고 말 것이다. 자원이 희소한 세상에서 새로운 기술 없이 글로벌화를 계속해나갈 방법은 없다.

역사가 흐른다고 새로운 기술이 저절로 나타난 적은 없었다. 고대인들은 정적인 균형이 계속되는 제로섬zero-sum 사회에 살았다. 그런 사회에서 성공이란 남의 것을 빼앗는 것이었다. 고대인들은 새로운 부의 원천을 거의 창출하지 못했고, 장기적으로도 보통 사람들을 극도의 빈곤으로부터 구해낼 대책을 끝내 마련하지 못했다. 그러고 나서 1만 년이 흐르는 동안, 원시시대의 농경, 중세의 풍차, 16세기의 천문관측기와 같은 간헐적인 진보가 일어났다. 그리고 1760년대에 증기기관이 출현하면서 현대사회는 갑자기 폭주하는 기술적 진보를 경험했다. 이런 추세가 대략 1970년대까지 이어진 결과, 우리는 이전 세대들이 상상조차 할 수 없었던 풍요로운 사회를 물려받게 되었다.

우리 부모 세대와 조부모 세대, 그러니까 1960년대 말을 제외한 모든 세대는 이 같은 진보가 계속해서 이어질 거라고 생각했다. 주

4일 근무제가 되기를 손꼽아 기다렸고, 에너지 가격이 너무 낮아서 단위 가격을 매기기도 힘들게 되기를 바랐으며, 달에서 여름휴가를 맞이할 줄 알았다. 그러나 그런 일은 일어나지 않았다. 스마트폰은 우리 주변만 잊게 만든 것이 아니라, 우리 주변이 이상하게도 구식이라는 사실까지 잊어버리게 만들었다.

20세기 중반 이후 극적인 개선을 이룬 분야는 컴퓨터와 통신밖에 없다. 그렇다고 해서 우리 부모 세대가 더 나은 미래를 꿈꾼 것이 잘못이라는 얘기는 아니다. 다만 더 나은 미래가 저절로 찾아올 거라고 생각한 점은 잘못이었다. 지금 우리는 21세기를 20세기보다 더 평화롭고 번창하는 시대로 만들어줄 새로운 기술을 상상하고 또 창조해내야 하는 어려운 도전에 직면해 있다.

신생기업과 새로운 생각

새로운 기술은 대개 새로운 벤처기업들—스타트업—에서 나온다. 정치에서는 미국 건국의 아버지들, 과학에서는 영국의 왕립학회, 비즈니스에서는 페어차일드 반도체Fairchild Semiconductor의 '8인의 배신자들(쇼클리 반도체 연구소에 스카우트되었다가 따로 나와서 페어차일드 반도체의 전신을 세운 8명의 연구진에게 붙은 별명—옮긴이)' 을 보면 알 수 있듯이, 세상을 더 나은 곳으로 변화시킨 주체는 일종의 사명감으로 똘똘 뭉친 소규모 집단들이었다. 그 이유를 가장 쉽게 설명하자면, 역으로 소규모가 아니면 불가능하기 때문이다. 큰 조직에서는 새로운 것을 개발하기가 어렵고, 혼자서 새로운 것을 개발하기는 더더욱 어렵다. 관료제적 계급 조직은 행동이 굼뜰 수밖에 없고, 이해관계가 단단히 맞물려 있는 조직은 위험을 감수하지 않게 된다. 변비에 걸린 것처럼 제 기능을 못하고 있는 조직에서는 실제로 일을 하기보다는 일이 진척되고 있다는 신호만 내보내는 편이 승진에는 오히려 더 유리하다(지금 다니는 회사가 이렇다면 당장 그만두는 편이 낫다).

그러나 반대편 극단을 보면, 외톨이형 천재는 예술이나 문학의 고전을 남길지는 몰라도 산업 하나를 통째로 일굴 수는 없다. 신생기업이 제대로 돌아가려면 사람들과 함께 일해야 한다. 다만 그 규모는 실제로 뭔가를 할 수 있을 만큼 작게 유지되어야 한다.

좀 더 적극적으로 정의를 내려보면, 신생기업이란 지금과는 다른 미래를 만들기 위한 당신의 계획을 납득시킬 수 있는 최대치의 사람들이다. 신생기업이 가진 강점 중에서 가장 중요한 것은 '새로운 생각'이다. 새로운 생각은 '민첩함'보다도 더 중요하다. 그리고 규모가 작아야 생각할 공간이 생긴다.

이 책은 새로운 일을 하는 사업에서 성공하기 위해 마땅히 스스로 물어보고 또 답해봐야 할 여러 질문에 관한 책이다. 이 책은 특정 지식의 기록이 아니며, 손쉽게 따라 할 수 있는 매뉴얼도 아니다. 오히려 이 책은 생각하는 연습을 해보는 자습서다. 왜냐하면 '생각'이야 말로 신생기업이 반드시 해야 할 일이기 때문이다. 당연시되는 생각에 의문을 제기하고, 백지상태에서부터 다시 사업을 생각하라.

2

과거에서
배워라

앞서 얘기한 통념에 반하는 견해('정말 중요한 진실인데 남들이 당신한테 동의해주지 않는 것은 무엇인가?')에 곧장 답을 하기란 쉽지 않다. 그러니 준비 삼아 다음의 질문에 먼저 답해보자. '남들이 동의하는 것은 무엇인가?' 니체는 "광기에 빠진 개인은 흔치 않다. 그러나 집단, 당파, 국가, 시대로 가면 광기가 곧 지배한다"라고 (그 자신이 미치기 전에) 말했다. 흔히들 믿고 있는 잘못된 믿음을 찾아낼 수 있다면 반대로 그 뒤에 숨겨진, 통념과는 다른 진실도 찾아낼 수 있을 것이다.

아주 기본적인 명제 하나를 생각해보자. '회사는 돈을 벌기 위해 존재한다. 돈을 잃기 위해 존재하는 것이 아니다.' 생각이 있는 사람이라면 누구나 동의해야 할, 지극히 당연한 주장이다. 하지만 1990년대 말에는 그렇지가 않았다. 당시에는 손실만 없으면 '더 크고 밝은 미래를 위한 투자'라는 식으로 포장되었다. '신경제New Economy'라고 하는 일반의 통념은 '이윤'처럼 재미없는 기준보다는 '페이지뷰'가 더 믿을 만하고 진취적인 재무 지표라고 인정했다.

통념으로 받아들여진 것들은 시간이 지나고 돌이켜볼 때에야 '정말 제멋대로 잘못 생각한 거였구나'하고 깨닫게 된다. 뭔가 하나가 붕괴되면 그제야 우리는 그동안 우리가 믿었던 것에 '버블bubble'이라는 이름을 붙인다. 하지만 버블이 꺼진다고 해서 버블로 인해 생겨났던 왜곡된 인식들까지 단번에 사라지는 것은 아니다. 1990년대의 인터넷 광풍은 1929년 대공황 이후 최대 규모의 버블이었다. 그렇기 때문에 그때 배운 교훈들은 아직까지도 우리의 마음에 남아 기술에 대한 모든 시각을 정의하고 또 왜곡하고 있다. 그 왜곡을 뛰어넘어 올바른 시각을 갖고 싶다면, 우선 과거에 관해 우리가 알고 있다고 생각하는 것들부터 다시 생각해볼 필요가 있다.

한눈에 살펴보는 1990년대

1990년대는 좋은 이미지를 갖고 있다. 우리는 1990년대가 번영을 구가한 낙관적 시대였으나, 어찌어찌하다 보니 인터넷 호황과 몰락으로 막을 내렸다고 기억하는 경향이 있다. 하지만 1990년대의 많은 부분은 우리의 향수가 기억하는 것처럼 그렇게 신나지 않았다. 1990년대 말, 18개월간의 닷컴 열풍을 불러오게 된 그 당시 암울했던 전 세계적 분위기를 우리는 너무 오랫동안 잊고 있었다.

1989년 11월, 베를린 장벽이 무너지면서 1990년대는 한바탕 축제 분위기 속에서 시작되었다. 하지만 그 행복은 그리 오래가지 못했는데, 1990년대 중반까지 미국 경제가 침체기에 빠졌던 것이다. 엄밀히 말하면 하락 국면은 1991년 3월에 끝났지만, 회복은 더뎠고 실업률은 1992년 7월까지 지속적으로 상승했다. 이후로 제조업 경기는 단한 번도 온전히 반등하지 못했다. 서비스 경제로의 이행은 생각보다 오랜 시간이 걸렸고, 고통을 수반했다.

1992년부터 1994년 말까지는 총체적 불안의 시기였다. 케이블 뉴스에는 모가디슈에서 죽은 미국 병사들의 사진이 계속 나왔다. 일자리가 멕시코로 빠져나가면서 글로벌화와 미국의 경쟁력에 대한 불안감도 심화되었다. 이런 회의적인 분위기는 1992년 대선에서 현직 대통령 조지 부시를 물러나게 만들었고, 로스 페로Ross Perot는 1912년의 시어도어 루스벨트 이후 제3당 출신으로는 가장 많은, 20퍼센트에 가까운 득표를 기록했다. 록밴드 너바나와 그런지록, 헤로인에 심취한 문화가 실제로 무엇을 반영하고 있었든 간에, 결코 희망이나 자신감의 표출은 아니었다.

실리콘밸리 역시 부진을 겪고 있기는 마찬가지였고, 반도체 전쟁은 일본이 승리하는 것처럼 보였다. 인터넷은 비상하려면 아직 시간이 필요했다. 1992년 말이 되기 전까지는 인터넷의 상업적 용도에 제한이 있기도 했고, 아직 사용자 친화적인 웹 브라우저가 나오지 않던 것이다. 내가 스탠퍼드대학교에 입학한 1985년에 가장 인기 있었던 전공이 컴퓨터과학이 아니라 경제학이었다는 사실만 보더라도 많은 것이 짐작될 것이다. 대학에 있는 대부분의 사람들에게 기술 분야란 특이한 것, 심지어 주변적인 것으로 보였다.

이 모든 것을 바꿔놓은 게 인터넷이었다. 1993년 11월 모자이크Mosaic 브라우저가 공식 발표되면서 일반인들도 온라인에 접속할 수 있는 길이 열렸다. 이후 모자이크는 넷스케이프Netscape가 되었고, 넷스케이프는 1994년 말에 네비게이터Navigator 브라우저를 출시했다. 네비게이터를 채택하는 사람이 급속히 늘어나면서(1995년 1월에 20퍼센트이던 시장 점유율은 12개월도 지나기 전에 거의 80퍼센트에 육박했다) 넷스케이프는 아직 이익도 나고 있지 않던 1995년 8월에 이미 기업공개를 단행할 수 있었다. 5개월 만에 넷스케이프 주식은 주당 28달러에서 174달러로 수직 상승했다.

다른 기술 기업들도 호황을 맞기는 마찬가지였다. 야후Yahoo!는 1996년 4월에 8억 4,800만 달러의 시장 가치를 인정받으며 상장되었고, 아마존은 1997년 5월에 4억 3,800만 달러에 상장되었다. 1998년 봄이 되자, 각 회사의 주가는 4배 이상으로 뛰어 있었다. 회의적인 사람들은 인터넷 기업이 비非 인터넷 기업보다 매출이나 이익이 몇 배나 높다는 주장을 의심했다. 그리고 그들은 어렵지 않게 시장이 미쳤다는 결론에 도달했다.

이런 결론이 나온 것은 당연한 일이었지만, 문제는 엉뚱한 데서 이런 지적이 나왔다는 점이었다. 1996년 12월(실제로 버블이 붕괴된 것보다 3년 이상 앞선 시점이었다), 연방준비제도이사회 의장이었던 앨런 그린스펀Alan Greenspan은 '비이성적 과열'이 "자산 가치를 과도하게 높여 놓았을 수 있다"라고 경고했다(그린스펀의 이 발언으로 미국의 주가가 폭락했다—옮긴이). 기술 부문 투자자들이 과열되었던 것은 사실이지만, 정말로 그 정도까지 과열되었는지는 분명치 않다. 당시 나머지 국가들의 경제 사정은 그리 좋지 않았기 때문이다.

1997년 7월, 금융위기가 동아시아를 강타했다. 정실 자본주의Crony capitalism(기업, 은행, 정부 간의 유착 관계, 족벌 경영 등 부정부패와 직결되는 경제계의 패거리 문화—옮긴이)와 대규모 외화 부채는 태국과 인도네시아, 한국 경제를 무릎 꿇렸다. 뒤이어 1998년 8월에는 루블화 위기가 따라왔다. 만성적인 재정 적자에 시달리던 러시아는 루블화를 평가 절하했고, 국가 부채에 대해 디폴트(채무 이행 불능)를 선언했다. 미국의 투자자들은 1만 개의 핵무기를 보유한 국가가 돈이 바닥났다는 사실에 불안을 느꼈고, 다우지수는 단 며칠 만에 10퍼센트 이상 곤두박질 쳤다.

사람들의 걱정은 옳았다. 루블화 위기는 연쇄반응을 촉발했고, 과도한 레버리지(차입 투자) 전략을 펼치고 있던 헤지펀드 롱텀캐피털매니지먼트Long-Term Capital Management, LTCM를 무너뜨렸다. 롱텀캐피털은 1998년 하반기에만 46억 달러의 손실을 기록했는데, 그러고도 1,000억 달러 이상의 부채를 안고 있었다. 결국 연방준비제도이사회가 개입했고, 대규모 구제금융을 실시하는 한편, 이 사태가 경제 전체의 재앙으로 번지는 것을 막기 위해 대대적인 금리 인하를 단행했다.

유럽도 사정이 안 좋기는 마찬가지였다. 회의론과 무관심 속에 유럽은 1999년 1월 유로화 유통을 시작했다. 유로화는 거래 첫날 1.19 달러까지 상승했지만, 2년 후에는 0.83달러로 내려앉았다. 2000년대 중반에는 G7 중앙은행장들이 수십 억 달러의 시장 개입을 통해 유로화의 가치를 지탱해줘야 했다.

반짝 불고 사라졌던 닷컴 열풍이 1998년 9월부터 시작된 데는 다른 모든 것들이 가망 없어 보인다는 당시의 시대적 배경이 작용했다. 구경제Old Economy로는 글로벌화라는 난관을 도저히 감당할 수 없었다. 조금이라도 더 나은 미래가 오려면 뭔가 하나쯤은, 그것도 제대로 먹히는 게 있어야 했다. 다른 대안이 없었던 당시로서는 인터넷 경제라는 신경제가 앞으로 나아갈 수 있는 유일한 대안이었다.

닷컴 열풍

닷컴 열풍은 강렬했지만 얼마 가지 못했다. 다 함께 제정신이 아니었던 기간은 1998년 9월부터 2000년 3월까지 고작 18개월에 불과했다. 닷컴 열풍은 실리콘밸리에 불어온 골드러시였다. 어디를 가나 돈이 널려 있었고, 끊임없이 과열되었으며, 수상쩍은 사람들이 그 열풍을 뒤쫓는 경우도 많았다. 매주 수십 개의 신생 벤처기업들이 누가 더 많은 돈을 쓰나 경쟁하듯이 호화로운 출범 파티를 개최했다(실제로 거둔 성공을 축하하는 파티는 드물었다). 장부상 백만장자들이 수천 달러짜리 만찬 계산서를 집어 들고 돈 대신 자기 회사 주식으로 지불하겠다고 했다. 가끔은 정말로 그게 가능하기도 했다.

　고액 연봉을 받으며 잘 다니고 있던 회사를 그만두고 스스로 신생 벤처기업을 차리거나 갓 생긴 신생 벤처기업에 합류하는 사람들도 많았다. 내가 알던 40대 대학원생 한 명은 1999년 당시 6개의 회사를 운영하고 있었다. (보통은 40대에 대학원생이라고 하면 이상하게들 생각한다. 또 동시에 6개의 회사를 운영한다고 하면 제정신이 아니라고들 할 것이다. 그런데도 어찌된 셈인지 1990년대 후반에는 이 두 가지를 결합하는 게 성공에 이르는 길이라고 믿었다.)

　이 열풍은 결코 지속될 수가 없는 종류라는 것을 모든 사람이 알았어야 했다. 소위 '성공적'이라는 회사들은 대부분 기업이 성장할수록 돈을 '잃는' 일종의 반反 사업적 사업 모형을 채용한 것 같았다. 그러나 음악이 연주되고 있는데 사람들이 춤을 춘다고 비난하기는 어렵

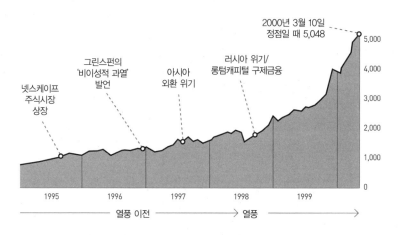

| 닷컴 열풍과 나스닥 지수 |

다. 이름 뒤에 닷컴.com만 붙여도 하룻밤 사이에 회사의 가치가 2배가
된다면, 비이성적이 되지 않을 사람은 없었다.

페이팔 열풍

페이팔을 운영하고 있던 1999년 말, 나는 겁에 질려 있었다. 우리 회
사에 대한 신념이 부족해서가 아니라 실리콘밸리에 있던 다른 사람들
이 죄다 그냥 아무것이나 믿으려 하는 것처럼 보였기 때문이다. 전후
좌우 어디를 둘러봐도 사람들은 아무렇지도 않게 회사를 하나 세웠다
가 엎었다가 했다. 내가 아는 어떤 사람은 회사를 차리기도 전에 자기
집 거실에 앉아 상장 계획을 짠 이야기를 들려주었다. 그러면서도 본
인 스스로는 하나도 이상할 게 없다고 여기는 눈치였다. 이런 환경에
서는 분별 있게 행동하는 사람이 오히려 괴짜처럼 보이기 시작한다.

그렇게 치면 페이팔의 계획은 적당히 원대한 편이었다. 버블 이후
의 회의론자들은 이 계획조차 거창하다고 표현했지만 말이다. 우리
는 미국 달러화를 대체할 새로운 인터넷 화폐를 만들고 싶었다. 페이
팔이 처음으로 출시한 것은 팜파일럿PalmPilot(초창기 PDA 제품)끼리 서
로 돈을 송금할 수 있게 해주는 상품이었다. 하지만 저널리스트들 말
고는 이런 상품을 필요로 하는 사람이 아무도 없었다. 그나마 저널리
스트들은 이 상품을 1999년 최악의 비즈니스 아이디어 10선 중 하나
로 뽑았다. 당시로서는 팜파일럿이 아직 너무 낯선 물건이었다. 하지

만 이메일은 이미 상용화되고 있었기 때문에 우리는 이메일을 통해 대금을 결제하는 방법을 찾아보기로 했다.

1999년 가을이 되자 우리가 내놓은 이메일 결제 상품은 성공적으로 운영되고 있었고, 누구든지 우리 웹사이트에 로그인해서 손쉽게 돈을 이체할 수 있었다. 다만 아쉽게도 고객이 별로 없었다. 고객이 그리 많지 않다 보니 성장이 더뎠고, 회사는 비용만 쌓여갔다. 페이팔이 제대로 성공하려면 최소 100만 명 이상의 사용자를 끌어들여야 했다. 광고는 들이는 돈에 비해 효과가 턱없이 작았고, 대형 은행과의 계약은 성사될 듯싶다가도 계속 무산되었다. 결국 우리는 회원 가입을 하는 사람들에게 돈을 주기로 결정했다.

우리는 신규 가입자에게는 무조건 10달러를 지급하고, 친구를 한 명 소개할 때마다 10달러를 추가로 지급했다. 이 정책 덕분에 우리는 수십만 명의 신규 고객을 얻으며 기하급수적으로 성장했다. 물론 이런 식의 고객 유치 전략은 그 자체로는 유지가 불가능하다. 고객이 되어주는 조건으로 돈을 지급한다면 기하급수적 성장이란 곧 비용 구조의 기하급수적 성장을 뜻하니까 말이다. 당시 실리콘밸리에는 기업들이 말도 안 되는 비용 구조를 가지는 경우가 일반적이었다. 하지만 우리는 우리 회사의 어마어마한 비용이 말이 된다고 생각했다. 대규모 사용자 기반을 확보하고 나면, 고객들의 거래에 약간의 수수료를 부과하면서 페이팔은 곧 수익을 내게 될 것이 분명했다.

당시 우리는 이 목표를 이루려면 자금이 추가로 필요하다는 사실을 알고 있었지만, 곧 인터넷 열풍이 사그라질 것이라는 사실도 알고 있었다. 곧 다가올 붕괴 사태에도 우리 회사가 살아남을 만큼 투자자들이 우리에게 깊은 신뢰를 보여줄 것 같지는 않았기에, 우리는 아직 자금을 모집할 수 있을 때 재빨리 움직이기로 했다. 2000년 2월 16일, 〈월스트리트저널〉에 기사 하나가 실렸다. 페이팔이 바이럴 마케팅viral marketing(이메일, 블로그, 카페, SNS 등의 수단으로 입소문을 내면서 제품 홍보 효과가 바이러스처럼 퍼져나가게 하는 것—옮긴이)을 통해 성장을 거듭하고 있고, 5억 달러의 가치가 있다는 내용이었다.

다음 달 우리가 1억 달러의 투자금을 모집했을 때, 제일 크게 투자한 투자자는 〈월스트리트저널〉이 어림짐작으로 대충 끄적여 놓은 수치를 틀림없는 것으로 믿고 있었다. (다른 투자자들은 그보다 더 성급했다. 한국의 한 회사는 협상을 시도하거나 계약서를 작성할 생각도 하지 않고 500만 달러나 되는 돈부터 송금해주었다. 내가 돈을 돌려주려고 했지만 그들은 송금 받을 계좌를 알려주지 않았다.) 2000년 3월, 그렇게 모집된 투자금은 페이팔을 성공시키는 데 필요한 시간을 벌어주었다. 우리가 계약을 끝내자마자 버블이 붕괴됐다.

닷컴 붕괴가 남긴 교훈

"2000년에는 파티가 끝났다고들 하니까. 이런! 시간이 없어! 오늘 밤은 1999년처럼 파티를 할 거야!"
－팝 아티스트 프린스

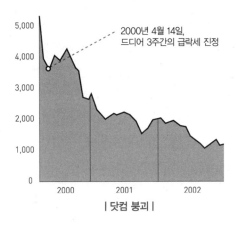

| 닷컴 붕괴 |

2000년 3월 중순, 나스닥은 5,048포인트로 정점을 찍은 후 급락해 4월 중순에는 3,321포인트가 되었다. 2002년 10월, 나스닥은 1,114 포인트로 바닥을 쳤다. 이때쯤에는 온 나라가 이미 시장 붕괴는 1990 년대의 기술 낙관론에 대한 일종의 '신의 심판'이라고 여기고 있었다. '풍요로운 희망의 시대'에는 '탐욕에 미쳤던 시대'라는 새로운 이름이 붙었고, 그 시대는 완전히 끝난 것으로 선언되었다.

이제는 모든 사람이 미래는 근본적으로 불명확한 것이라고 생각하게 되었다. 분기별 계획을 넘어 몇 년 단위의 큰 계획을 그리는 사람은 누구든 과격분자로 치부해버렸다. 그리고 미래를 위한 희망은 기술이 아니라 글로벌화라고 생각하기 시작했다. 1990년대에 있었던 '벽돌bricks에서 클릭clicks으로'의 이행이 기대했던 효과를 내지 못하자, 투자자들은 다시 벽돌(주택 공급)과 브릭스BRICs(글로벌화)로 되돌아갔다. 그 결과 또 다른 버블이 양산되었고, 그게 바로 '부동산'이었다.

한편 실리콘밸리를 고수하던 기업가들은 닷컴 붕괴 사태에서 4가지 큰 교훈을 얻었는데, 이 교훈들은 지금까지도 기업을 운영하는 사람들의 뇌리에 깊숙이 박혀 있다.

1. 점진적 발전을 이뤄라

원대한 비전은 버블만 키웠을 뿐이므로 받아주면 안 된다. 뭔가 대단한 것이 가능하다고 주장하는 사람은 무조건 주시해야 한다. 세상을 바꾸고 싶다고 말하는 사람은 좀 더 겸손해질 필요가 있다. 한 발짝씩 점진적으로 나아가는 것이야말로 안전하게 전진할 수 있는 유일한 길이다.

2. 가벼운 몸집에 유연한 조직을 유지하라

모든 기업은 '몸집이 가벼워야lean' 한다. 즉 '아무 계획이 없어야 한다.' 회사가 앞으로 무슨 일을 할지는 아무도 모르는 일이다. 계획이란 건방진 생각이고, 유연성을 저해한다. 그보다는 '될 때까지' 계속 이것저것 시도해봐야 한다. 기업가 정신이란 결론을 모르는 상태에서 계속 실험해보는 것을 말한다.

3. 경쟁자들보다 조금 더 잘하라

아직 시기상조인 새 시장을 개척하려고 애쓰지 마라. 진짜 사업성이 있는지 알 수 있는 유일한 방법은 이미 고객이 확보되어 있는 사업을 하는 것이다. 따라서 이미 성공한 경쟁자가 내놓은, 사람들이 이미 아는 제품을 개선하는 방식으로 회사를 키워야 한다.

4. 판매가 아니라 제품에 초점을 맞춰라

제품을 파는 데 광고나 세일즈맨이 필요하다면 제품이 충분히 훌륭하지 못한 것이다. 기술이란 1차적으로 제품의 유통이 아니라 제품의 개발에 필요한 것이다. 버블 시대를 보더라도 광고는 분명히 낭비였다. 지속 가능한 성장을 계속할 수 있는 유일한 방법은 바이럴 마케팅을 통한 성장이다.

이들 교훈은 이제 스타트업의 세계에서 절대 원칙으로 자리 잡았다. 감히 이 교훈을 무시했다가는 당연한 저주, 즉 2000년의 대규모 붕괴 사태에서 기술에게 떨어졌던 것과 같은 저주를 받게 될 거라고들 생각한다. 하지만 앞의 원칙들보다는 정반대의 원칙이 오히려 옳을 것이다.

1. 사소한 것에 매달리는 것보다는 대담하게 위험을 감수하는 편이 낫다.
2. 나쁜 계획도 계획이 아예 없는 것보다는 낫다.
3. 경쟁이 심한 시장은 이윤을 파괴한다.
4. 판매 역시 제품만큼이나 중요하다.

기술에 버블이 있었던 것은 사실이다. 1990년대는 자만의 시대였다. 사람들은 0에서 1로의 진보를 믿었다. 하지만 1에 도달한 벤처기업은 몇 되지 않았고, 대부분은 그저 떠들기만 하다가 끝이 났다. 그러나 당시 사람들은 우리가 더 적은 것으로 더 많은 일을 해내는 것 말고는 다른 대안이 없다는 사실을 이해하고 있었다.

2000년 3월의 시장 고점은 분명 무모함이 정점에 달한 시기이기도 했다. 하지만 또 하나 무시할 수 없는, 그리고 더 중요한 사실은 그 시기가 현실을 가장 똑바로 봤던 때이기도 하다는 점이다. 사람들은 먼 미래를 내다보았고, 그 미래에 제대로 안착하려면 훌륭한 신기술이 얼마나 많이 필요할지도 알고 있었다. 그리고 자신들이 그 신기술을 만들어낼 능력이 된다고 판단했다.

우리에게는 아직도 신기술이 필요하다. 그리고 그 신기술을 확보하려면 1999년 식의 자만과 과열도 약간은 필요할지 모른다. 차세대 기업들을 세우려면 버블 붕괴 이후에 만들어진 절대 원칙들을 버려야 한다. 하지만 그렇다고 해서 정반대의 생각들이 자동적으로 진실이 되는 것은 아니다. 군중의 광기를 일방적으로 거부한다고 해서 광기에서 벗어날 수 있는 것은 아니기 때문이다. 오히려 우리는 이렇게 질문해봐야 한다. 비즈니스에 관해 우리가 알고 있는 것 중에서 과거의 실수에 대한 잘못된 반응은 얼마나 되는가? 진정으로 남들과 다른 사람은 다수에게 반대하는 사람이 아니라 스스로 생각하는 사람이다.

3
행복한 회사는
모두 다르다

🍴

앞서 말한 '통념에 반하는 견해에 대한 질문'을 비즈니스에 적용하면 이렇게 된다. '정말 가치 있는 기업인데 남들이 세우지 않는 회사는 무엇인가?' 이 질문이 보기보다 어려운 이유는, 많은 가치를 창출한다고 해서 반드시 스스로 아주 가치 있는 기업은 아니기 때문이다. 가치를 창출하는 것만으로는 충분하지 않다. 창출한 가치의 일부를 계속 보유할 수 있어야 한다.

이 말은 곧 아주 큰 사업이라고 해도 나쁜 사업일 수 있다는 뜻이다. 예를 들어 미국의 항공사들은 매년 수백만 명의 승객을 실어 나르면서 수천억 달러의 가치를 창출한다. 하지만 2012년 편도 요금 평균이 178달러인 데 반해, 항공사들이 승객 1인당 벌어들인 수익은 겨우 37센트에 불과했다. 이를 구글과 한번 비교해보자. 구글은 항공사

들보다 적은 가치를 창출하지만 보유 가치는 훨씬 크다. 구글은 2012
년에 500억 달러를 벌어들였지만(항공사들은 1,600억 달러), 매출의 21
퍼센트가 이익이었다. 이익률로 따지면 그해 항공사들보다 100배나
높은 수익을 낸 셈이었다. 이렇게 돈을 잘 벌어들이다 보니 구글의
현재 가치는 미국의 모든 항공사의 가치를 합한 것보다 3배나 크다.

항공사들은 서로 경쟁하지만 구글은 경쟁자가 없다. 이런 차이를
경제학자들은 간단한 모형 두 가지로 설명하는데, 바로 '완전경쟁
perfect competition'과 '독점monopoly'이다.

경제학을 처음 배울 때, '완전경쟁'은 이상적인 상태인 동시에 기
본적인 상태로 간주된다. 소위 완벽하게 경쟁적인 시장에서는 생산
자의 공급과 소비자의 수요가 만나 균형을 달성한다. 경쟁 시장에서
모든 회사는 차별화되지 않는 똑같은 제품을 판매한다. 시장 지배력
을 가진 회사가 하나도 없기 때문에 모두 시장이 정해주는 가격에 물
건을 팔 수밖에 없다. 아직도 수익성이 남아 있다면 새로운 회사가 시
장에 진입해 공급량은 늘리고 가격은 끌어내림으로써 당초 시장에 발
을 들이게 만들었던 바로 그 이윤을 제거할 것이다. 시장에 너무 많은
회사가 들어오면 손실을 겪다가 일부 회사는 사업을 접을 것이므로
가격은 다시 적정 수준으로 올라갈 것이다. 장기적으로 봤을 때, 완전
경쟁 하에서는 '그 어느 회사도 경제적 이윤을 창출할 수 없다.'

완전경쟁의 반대는 독점이다. 경쟁하고 있는 회사는 시장 가격에
물건을 팔 수밖에 없지만, 독점기업은 시장을 손에 쥐고 있으므로 스
스로 가격을 결정할 수 있다. 독점기업은 경쟁자가 없으므로 자신의

이윤을 극대화하는 수량과 가격으로 물건을 생산한다.

경제학자에게는 모든 독점이 똑같아 보인다. 정직하지 못한 방법으로 경쟁자를 몰아냈건, 정부로부터 면허를 획득했건, 또는 혁신을 통해 최고의 자리에 올랐건 상관없이 말이다. 이 책에서는 불법적인 악덕 기업이나 정부의 비호를 받는 기업에는 관심을 갖지 않는다. 이책에서 '독점'이라고 할 때는 자기 분야에서 너무 뛰어나기 때문에 다른 회사들은 감히 그 비슷한 제품조차 내놓지 못하는 회사를 가리킨다. 구글은 0에서 1을 이룬 대표적인 회사다. 구글은 2000년대 초반 이후 검색 분야에서 경쟁자가 없었고, 마이크로소프트와 야후를 크게 따돌렸다.

미국인들은 경쟁을 신성시하며 경쟁 덕분에 우리가 사회주의자들처럼 가난하지 않다고 말한다. 하지만 실제로 자본주의와 경쟁은 서로 상극이다. 자본주의는 자본의 축적을 전제로 하고 있지만, 완전경쟁 하에서는 경쟁을 통해 모든 이윤이 사라져버린다. 따라서 기업가들이 명심해야 할 사항은 분명하다. '지속적인 가치를 창출하고 또보유하고 싶다면, 차별화되지 않는 제품으로 회사를 차리지 마라.'

우리가 하는 거짓말

실제로 세상에 독점은 얼마나 될까? 정말로 경쟁적인 시장은 얼마나될까? 답을 하기가 어려운 이유는 이 문제에 관해 흔히들 나누는 대화가 일관성이 없기 때문이다. 외부에서 보기에는 모든 회사가 어느 정도 비슷해 보일 수 있기 때문에 회사들 사이에 아주 적은 차이밖에 없다고 느끼기 쉽다.

| 우리의 인식: 회사들은 비슷하다 |

하지만 현실은 그보다 훨씬 더 양분되어 있다. 완전경쟁과 독점 사이에는 어마어마한 차이가 존재하며, 대부분의 사업은 우리가 흔히 생각하는 것보다는 훨씬 더 양극단에 가깝다.

| 현실: 심각한 차이가 존재한다 |

혼란의 원인은 시장 조건을 다들 자의적으로 설명하기 때문이다. 그런데 독점기업이나 경쟁 기업 모두 진실을 왜곡하는 데는 그럴 만한 이유가 있다.

독점기업이 거짓말하는 이유

독점기업들은 스스로를 보호하기 위해서 거짓말을 한다. 그들은 거대한 독점 사실을 자랑했다가는 감사를 당하고, 조사를 받고, 공격받는다는 사실을 잘 알고 있다. 독점기업들은 계속해서 독점 이윤을 유지하고 싶기 때문에 독점 사실을 숨기기 위해 수단과 방법을 가리지 않는다. 그리고 그 대표적인 방법이 (존재하지도 않는) 경쟁자의 힘을 과장하는 것이다.

구글이 자신들의 사업에 관해 어떻게 얘기하는지를 한번 생각해보자. 구글은 자신들이 독점기업이라고 '주장' 하지 않는다. 그러나 구글은 독점기업일까? 이것은 관점에 따라 달라진다. '어느 분야' 에서 독점이라는 말인가? 1차적으로 구글을 검색엔진이라고 가정해보자. 2014년 5월 현재, 구글은 검색 시장의 68퍼센트를 차지하고 있다(가장 가까운 경쟁자라고 할 수 있는 마이크로소프트와 야후는 각각 19퍼센트와 10퍼센트를 차지하고 있다). 이 정도 수치로도 지배적인 시장 참가자라는 생각이 들지 않는다면, '구글' 이라는 단어가 이제는 옥스퍼드 영어사전에 '동사' 로서 정식으로 등록되어 있다는 사실은 어떤가? 과연 빙Bing(마이크로소프트의 검색엔진)에도 그 같은 일이 벌어질까?

하지만 이번에는 구글이 1차적으로 광고회사라고 생각해보자. 그러면 얘기가 완전히 달라진다.

미국의 검색엔진 광고 시장은 연간 170억 달러 규모이고, 온라인 광고 시장은 연간 370억 달러 규모이며, 미국의 전체 광고 시장은

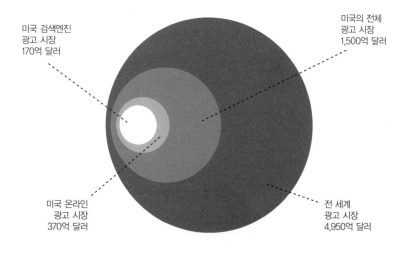

미국 검색엔진
광고 시장
170억 달러

미국의 전체
광고 시장
1,500억 달러

미국 온라인
광고 시장
370억 달러

전 세계
광고 시장
4,950억 달러

1,500억 달러 규모다. '전 세계' 광고 시장은 4,950억 달러 규모다. 따라서 구글이 미국의 검색엔진 광고 시장을 완전히 독점한다고 하더라도, 전 세계 광고 시장을 기준으로 하면 겨우 3.4퍼센트를 차지할 뿐이다. 이렇게 보면 구글은 치열한 경쟁환경 속의 아주 작은 참가자로 보인다.

이번에는 구글을 다각적 기술 기업으로 보면 어떨까? 충분히 그럴듯한 가정이다. 구글은 검색엔진 외에도 수십 개의 소프트웨어 제품을 만들고 있다. 로봇 자동차, 안드로이드 폰, 웨어러블 컴퓨터 등은 말하지 않아도 알 것이다. 하지만 구글 매출의 95퍼센트는 검색엔진에서 나온다. 나머지 제품들은 2012년을 기준으로 했을 때, 겨우 23억 5,000만 달러의 매출을 기록했을 뿐이다. 그리고 구글의 소비자 기술 제품은 그보다도 훨씬 적은 매출을 기록했다.

전 세계적으로 소비자 기술 제품 시장은 9,640억 달러 규모이므로 구글은 그 중 0.24퍼센트 이하를 차지하고 있는 셈인데, 이렇게 되면 독점은 고사하고 의미 있는 시장 참가자라고 할 수도 없다. 구글은 스스로를 기술 기업의 하나라고 정의함으로써 원치 않는 모든 관심으로부터 벗어날 수 있다.

경쟁 기업이 거짓말하는 이유

독점기업이 아닌 회사들은 정반대의 거짓말을 한다. "우리는 이쪽을 꽉 잡고 있어요." 기업가들은 언제나 경쟁의 크기를 축소해서 말하는 경향이 있다. 하지만 이 점이야말로 신생기업이 저지를 수 있는 가장 큰 실수다. 신생기업들은 자신이 속한 시장을 극도로 좁게 묘사함으로써 자동적으로 시장 지배자가 되고 싶은 치명적인 유혹을 느낀다.

미국 캘리포니아 주의 팰로앨토에 영국식 식당을 낸다고 가정해보자. 우리는 먼저 '아무도 영국 식당은 하고 있지 않아. 시장 전체를 우리가 먹는 거지' 하고 추론할 것이다. 하지만 이 생각이 맞으려면 관련 시장이 특별히 영국 음식 시장이어야만 한다. 그러나 실제 관련 시장은 팰로앨토에 있는 식당 시장 일반이라면 어떻게 될까? 그리고 이웃 동네의 모든 식당까지도 관련 시장의 일부라면?

이들 질문에 답하는 것도 쉽지 않지만, 더 큰 문제는 우리가 이런 질문을 해보고 싶지 않다는 점이다.

새로 차린 대부분의 식당이 1, 2년 내에 망한다는 뉴스를 듣게 되면, 우리는 본능적으로 왜 내가 내는 식당은 그렇지 않을 것인지 이유를 찾아내게 된다. 우리는 그 이유가 정말인지 진지하게 생각해보는 대신, 나는 왜 예외인지를 다른 사람들에게 설득하려고 애쓴다. 하지만 잠깐 하던 생각을 멈추고 팰로앨토에 다른 음식들보다 영국 음식을 특별히 먹고 싶어 하는 사람들이 있을 것인지부터 생각해봐야 할 것이다. 그런 사람들이 없을 가능성도 매우 크다.

2001년 나는 페이팔의 동료들과 함께 마운틴뷰의 카스트로 가에서 자주 점심을 먹곤 했다. 그곳에서 우리는 인도 요리, 초밥, 버거 같은 뻔한 메뉴는 말할 것도 없고, 입맛대로 식당을 고를 수 있었다. 어느 한 종류로 정하고 나면 더 많은 선택지가 있었다. 북인도 요리냐, 남인도 요리냐, 저렴하게 먹을 거냐, 고급 식당에 갈 거냐 등등.

경쟁이 치열했던 그 동네 식당들에 비해 페이팔은 당시 전 세계에서 유일한 이메일 기반의 결제 회사였다. 우리 회사의 직원 수는 그 식당들의 종업원 수보다도 더 적었지만, 우리 회사의 가치는 그곳 식당들의 가치를 모두 합한 것보다도 훨씬 컸다. 남인도 요리 식당을 새로 차려서 돈을 벌기는 무척 어렵다. 경쟁에 대한 감을 잃거나 사소한 차별화 요소에 집착한다면('우리 가게의 난naan은 증조할머니 때부터 내려오는 레시피니까 다른 집의 난과는 비교도 안 돼.') 살아남기조차 힘들 것이다.

똑같은 원칙은 창의성이 필요한 업계에도 적용된다. 세상의 어떤 시나리오 작가도 자신의 이번 시나리오가 이미 만들어졌던 영화들

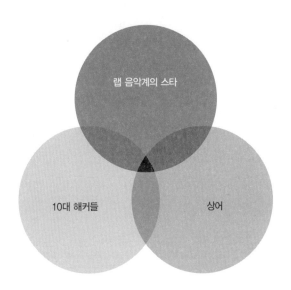

을 재탕한 것에 지나지 않는다고 인정하고 싶지는 않을 것이다. 오히려 그는 이렇게 말할 것이다. "이번 영화는 다양한 흥미 요소를 완전히 새로운 방식으로 조합한 영화예요." 그리고 실제로 그럴 수도 있다.

예컨대 〈해커스〉와 〈죠스〉를 섞어놓은 영화에 제이지Jay-Z를 출현시킨다면 말이다. 랩 음악 스타가 일단의 해커들과 힘을 합쳐 자신의 친구를 죽인 상어를 잡으러 가는 이야기를 만드는 것이다. 이런 영화는 분명히 한 번도 나온 적이 없다. 하지만 팰로앨토의 영국 식당처럼 이런 영화는 안 만드는 게 더 나을지도 모른다.

독점기업이 아닌 회사들은 자신의 시장을 여러 작은 시장의 교집합으로 정의함으로써 더 특별한 시장이라고 과장한다.

영국 음식 ∩ 식당 ∩ 팰로앨토
랩 음악 스타 ∩ 해커 ∩ 상어

반면에 독점기업들은 자신의 시장이 여러 대형 시장의 합집합이라고 말함으로써 독점 사실을 숨기려고 한다.

검색엔진 ∪ 모바일 폰 ∪ 웨어러블 기기
컴퓨터 ∪ 무인 자동차

실제로 독점기업은 어떤 식으로 이야기할까? 2011년 의회 청문회에서 구글 회장 에릭 슈미트Eric Schmidt가 진술한 내용을 한번 살펴보자.

"저희 앞에는 치열한 경쟁 구도가 펼쳐져 있습니다. 소비자들은 이제 여러 가지 방법으로 정보에 접근할 수 있게 되었습니다."

이 대외용 발언을 쉬운 말로 바꾸면 다음과 같다.

"구글은 큰 연못에 있는 작은 물고기 한 마리에 불과합니다. 우리는 언제든지 잡아먹힐 수 있습니다. 우리는 정부가 찾고 있는 독점기업이 아닙니다."

무자비한 사람들

경쟁 사업이 가진 문제점은 단순한 이윤의 부족만이 아니다. 다시 한 번 우리가 마운틴뷰에서 식당 하나를 운영하고 있다고 상상해보자. 우리는 수십 곳의 경쟁자들과 무엇 하나 다를 게 없으므로 살아남으려면 치열하게 싸워야 한다. 이윤을 적게 남기고 저렴한 음식을 제공한다면 직원들에게는 최소한의 임금밖에 지불하지 못할 것이다. 그리고 효율성을 높이기 위해 줄일 수 있는 것은 무엇이든 줄여야 할 것이다. 작은 식당에 가보면 할머니가 카운터를 보고, 주방에서는 아이들이 설거지를 하고 있는 것은 바로 이 때문이다.

최고의 식당들이라고 해도 사정은 별반 다르지 않다. 그런 곳에서는 미셸린의 별점처럼 각종 감상평과 평가 점수 시스템들이 치열한 경쟁 문화를 조성해 셰프들을 미치게 만든다(미셸린의 별점 3개를 받았던 프랑스 식당의 셰프 버나드 루소는 "별이 하나 줄어들면 자살해버릴 거야"라고 말했다고 한다. 미셸린은 평가 점수를 바꾸지 않았지만, 어쨌거나 루소는 유명한 프랑스 식당 안내책자가 자신의 레스토랑 등급을 낮추었던 2003년 자살했다). 경쟁적 생태계는 사람들을 가차 없이 잔인하게 만들거나 심지어 죽음으로 몰아넣는다.

그러나 구글과 같은 독점기업이라면 사정은 달라진다. 독점기업은 경쟁을 걱정할 필요가 없기 때문에 자신의 직원들이나 제품에 더욱 정성을 쏟을 수 있다. 또 더 큰 세상에 미치는 자신들의 영향력에 관해서도 더욱 관심을 기울일 수 있다. 구글의 모토인 '사악해지지 말자' 는 브랜드 전략의 일부이기도 하지만, 생존의 위협을 받지 않고도 윤리 문제를 진지하게 고려할 수 있을 만큼 충분히 성공한 기업들이 누리는 특권이기도 하다.

사업에서 '돈은 중요한 것이거나 아니면 모든 것이다.' 독점기업들은 돈 외에 다른 것도 생각할 수 있는 여유가 있지만, 독점이 아닌 기업들에게는 그런 여유가 없다. 완전경쟁 시장에 있는 기업은 현재의 이윤에 너무나 몰두한 나머지 장기적 미래에 관한 계획을 세울 여유가 없다. 기업이 매일매일의 치열한 생존 경쟁을 초월할 수 있는 방법은 단 한 가지뿐이다. '독점 이윤' 말이다.

독점 자본주의

따라서 모든 내부인들에게 독점은 좋은 것이다. 하지만 외부인들에게는 어떨까? 너무 큰 이윤은 나머지 사회의 희생을 대가로 하는 것일까? 사실 그렇다. 이윤은 고객의 지갑에서 나오는 것이고, 독점기업들은 그런 오명을 뒤집어쓸 만하다. '하지만 이것은 아무것도 변하지 않는 세상에나 해당되는 얘기다.'

변하지 않는 세상에서 독점기업은 지대地代 수금원밖에 안 된다. 독점기업이 특정 시장을 꽉 잡고 있다면, 가격을 올려도 사람들은 물건을 사갈 수밖에 없다. 유명한 모노폴리 보드게임을 한번 떠올려보라. 플레이어들의 행동은 다양하게 바뀌지만 보드 자체는 결코 바뀌지 않는다. 더 좋은 부동산 개발 방법을 발명해 게임에서 이길 수는 없다. 각 부동산의 상대 가치는 항상 정해져 있으므로 우리는 그 부동산을 모두 사들이려고 노력하는 수밖에 없다.

하지만 우리가 살고 있는 세상은 그보다 훨씬 더 역동적이다. 새로운 것, 더 나은 것을 발명하는 것도 가능하다는 얘기다. 창조적 독점기업들은 세상에 완전히 새로운 종류의 풍요로움을 소개함으로써 고객들에게 '더 많은' 선택권을 제공한다. 창조적 독점기업들은 단순히 나머지 사회에도 좋은 기업이 아니라, 더 나은 사회를 만들 수 있는 강력한 원동력이다.

정부 역시 이 점을 잘 알고 있기 때문에, 정부의 한쪽에서는 (독점 방지법 위반 사례를 기소하는 방식으로) 독점을 색출해내려고 기를 쓰는 반면, 다른 한쪽에서는 (새로운 발명품에 특허를 부여함으로써) 독점을 만들어내려고 애쓰는 것이다. 사실 누군가가 어느 모바일 소프트웨어의 디자인을 가장 먼저 생각해냈다고 해서, 그게 과연 법적 구속력이 있는 독점권을 부여받을 일인지에 대해서는 의문의 여지가 있다. 그러나 애플이 아이폰을 디자인, 제조, 마케팅해 얻는 독점 이윤은 인위적으로 물량을 줄였기 때문이 아니라 세상을 훨씬 더 풍요롭게 만든 것에 대한 보상이다. 마침내 고객들이 비싼 가격을 지불하고 제대로 작동하는 스마트폰을 구매할 수 있도록 선택권을 준 것에 대한 보상 말이다.

새로운 독점기업이 활발히 나타나는 것만 봐도 오래된 독점기업들이 혁신을 방해하지 않는다는 사실을 명백히 보여준다. 애플의 iOS

를 필두로 모바일 컴퓨팅이 부상하면서 수십 년간 이어져오던 마이크로소프트의 OS시장 지배력은 급격히 줄어들었다. 더 이전으로 돌아가보면 1960년대와 1970년대에 하드웨어 시장을 독점하고 있던 IBM은 마이크로소프트의 소프트웨어 독점에 왕좌를 내줬다. AT&T는 전화 서비스 부문에서 20세기 내내 독점을 유지하고 있었지만, 이제는 누구나 저렴한 휴대전화를 구입해서 아무 서비스 제공자나 선택해 이용할 수 있다. 만약 독점기업이 진보를 저지하는 경향이 있었다면 위험한 존재가 되었을 것이고, 우리는 즉시 그들에게 반기를 들었을 것이다. 하지만 진보의 역사는 곧 더 나은 독점기업이 전임자의 자리를 대신해온 역사이기도 하다.

독점은 진보의 원동력이다. 수년간 혹은 수십 년간 독점 이윤을 누릴 수 있다는 희망은 혁신을 위한 강력한 동기가 되기 때문이다. 그러면 독점기업은 혁신을 계속 지속할 수 있게 되는데, 왜냐하면 독점 이윤 덕분에 장기적인 계획을 세울 수 있고, 경쟁 기업들은 꿈도 꾸지 못할 야심찬 연구 프로젝트에도 돈을 댈 수 있기 때문이다.

그렇다면 경제학자들은 왜 그토록 경쟁에 집착하며, 경쟁을 이상적인 상태라고 말하는 것일까? 이것은 전적으로 역사의 유물이다. 경제학자들은 19세기 물리학자들의 업적에서 수학을 베껴왔다. 경제학자들은 개인과 기업을 고유한 창조자로 보는 것이 아니라 교환 가능한 원자로 여긴다. 경제 이론들이 완전경쟁의 균형 상태를 자꾸 설명하는 이유는, 완전경쟁이 최선의 사업 형태라서가 아니라 모형화하기 쉬운 형태이기 때문이다.

하지만 19세기 물리학이 예측한 장기적 균형이란, 우주의 열역학적 죽음이라고도 알려진, 모든 에너지가 균등하게 분배되고 모든 것이 멈춰 선 상태임을 기억할 필요가 있다. 이는 우리가 열역학을 어떻게 생각하느냐와는 무관하게 아주 강력한 은유가 된다. 비즈니스에서 균형이란 정체를 뜻하고, 정체는 곧 죽음이다. 어느 산업이 경쟁적으로 균형 상태에 도달했다면, 그 산업에 속한 어느 기업이 사라진다고 해도 세상에는 아무런 영향도 미치지 않을 것이다. 구분되지 않는 또 다른 경쟁자가 그 기업의 자리를 대신할 테니 말이다.

완벽한 균형이란 우주의 대부분을 차지하는 빈 공간을 뜻할지도 모른다. 혹은 수많은 기업들이 갖고 있는 특징과도 같을지 모른다. 하지만 모든 새로운 창조는 균형과는 아주 거리가 먼 상태에서 만들어진다. 경제 이론을 벗어나 실제 세계에 나가보면, 모든 기업은 남들이 할 수 없는 것을 해내는 만큼, 딱 그만큼만 성공할 수 있다. 따라서 독점은 병적 현상이나 예외적 현상이 아니다. '독점은 모든 성공적 기업의 현 상태다.'

톨스토이의 《안나 카레니나》는 다음과 같은 예리한 통찰로 시작한다. "행복한 가정들은 모두 비슷비슷하다. 불행한 가정들은 모두 제각각의 이유로 불행하다." 하지만 비즈니스는 이와는 정반대다. 행복한 기업들은 다들 서로 다르다. 다들 독특한 문제를 해결해 독점을 구축했기 때문이다. 반면에 실패한 기업들은 한결같다. 경쟁을 벗어나지 못한 것이다.

4

경쟁
이데올로기

창조적 독점이란, 새로운 제품을 만들어서 모든 사람에게 혜택을 주는 동시에 그 제품을 만든 사람은 지속 가능한 이윤을 얻는 것이다. 경쟁이란, 아무도 이윤을 얻지 못하고 의미 있게 차별화 되는 부분도 없이 생존을 위해 싸우는 것이다. 그렇다면 왜 사람들은 경쟁이 건강하다고 믿는 걸까?

그것은 경쟁이 단순히 경제학적 개념이나 개인 또는 기업이 시장에서 겪어내야 하는 불편함이 아니라 하나의 강박관념, 즉 이데올로기이기 때문이다. 우리 사회 구석구석에 침투해 있는 이 이데올로기가 우리의 사고를 왜곡하고 있다. 우리는 경쟁을 설파하고, 경쟁은 필요한 것이라고 뼛속 깊이 새기며, 경쟁이 요구하는 것들을 실천한다. 그리고 그 결과로 경쟁 속에 갇힌다. 경쟁을 더 많이 할수록 우리가 얻는 것은 오히려 줄어든다.

이렇게 간단명료한 진실을 우리는 모두 무시하도록 훈련받았다. 교육 시스템은 경쟁에 대한 우리의 집착을 반영하는 동시에 부추기고 있다. 성적이라는 것 자체가 각 학생의 경쟁력을 정확히 측정하는 도구다. 가장 높은 성적을 받은 학생은 지위와 자격을 부여받는다. 우리는 각 학생의 재능이나 의사와는 상관없이 모든 학생들에게 똑같은 과목을 거의 똑같은 방식으로 가르친다. 그 결과 책상에 가만히 앉아 있는 것이 맞지 않는 학생들은 열등하다는 기분을 느껴야 하는 반면, 시험이나 과제와 같은 전형적인 측정 방식에 뛰어난 학생들은 이토록 작위적으로 구성된 현실을 기준으로 자신의 정체성을 정의하게 된다. 희한하게도 학교의 이런 현실은 바깥세상의 현실과도 비슷하다.

학생들이 이 토너먼트에서 더 높이 올라갈수록 사정은 더욱 나빠진다. 엘리트 학생들은 자신 있게 계단을 올라가다가 결국은 자신의 원래 꿈을 포기해야 할 만큼 치열한 경쟁 단계에 이르게 된다. 고등학교 때 높은 목표를 세웠던 학생들은 대학과 대학원에 가면 경영 컨설팅이나 투자은행 같은 아주 뻔한 커리어를 놓고 똑같이 똑똑한 또래들과 치열한 라이벌 경쟁을 펼쳐야 한다. 기존 체제에 편입되는 대가로 학생들은(또는 그 가족들은) 인플레이션보다 더 빠른 속도로 치솟는 수십만 달러의 수업료를 내야 한다. 우리는 대체 왜 이러고 있는 걸까?

나는 '나 자신도 좀 더 일찍 스스로에게 이 질문을 해봤더라면 좋앞을 텐데' 하는 생각을 한다. 내 진로가 얼마나 뻔해 보였던지, 중학교 졸업앨범에서 한 친구는 내가 4년 후에 스탠퍼드대학교 2학년생이 되어 있을 거라고 (아주 정확히) 예언했다. 나는 아주 뻔하게 모범적인 학부 생활을 마치고 스탠퍼드 로스쿨에 등록했고, 로스쿨에서는 스탠퍼드에서 주는 성공의 배지를 달기 위해 더욱더 치열하게 경쟁했다.

로스쿨 학생들에게 1등상이 무엇인지는 이론의 여지가 없었다. 매년 졸업하는 수만 명의 대학원생 중에서 대법원의 직원으로 출퇴근하게 되는 사람은 겨우 수십 명에 지나지 않았다. 1년간 연방 항소법원에서 일한 나는 케네디 대법관 및 스캘리아 대법관의 보좌관직에 지원했고, 면접을 보러 오라는 연락을 받았다. 두 대법관과의 만남은 순조로웠다. 최종 경쟁의 승리가 눈앞에 다가온 것 같았다. 당시 나는 보좌관이 되면 평생이 보장된다고 생각했다. 그러나 나는 보좌관이 되지 못했다.

페이팔을 설립해서 팔고 난 후 2004년에 나는 옛 친구 한 명을 우연히 마주쳤다. 내가 대법관 보좌관에 지원할 당시 그 준비 과정을 도와주었던 친구였다. 우리는 거의 10년 만에 대화를 나누게 되었다. 그 친구의 첫 마디는 "잘 지내?"나 "세월이 이렇게나 많이 흘렀군" 따위가 아니었다. 친구는 활짝 웃으며 이렇게 물었다. "어때, 피터? 보좌관이 안 돼서 정말 기쁘지 않아?" 이제 이렇게 결과를 다 알고 나서 생각해보면, 우리 둘 다 내가 최종 경쟁에서 탈락한 게 오히려 잘된 일임을 안다.

만약 대법원에서 일하게 되었다면, 나는 아마 사건 조서를 쓰거나 남의 사업 계약서의 초안을 쓰며 평생을 보냈을 것이고, 새로운 것은 아무것도 만들어내지 못했을 것이다. 얼마나 달라졌을지는 말하기 어렵지만, 기회비용만큼은 어마어마했다. 로즈 장학생(로즈 장학금 Rhodes Scholarship은 미국 등에서 최고의 엘리트 대학생들에게만 주어진다—옮긴이)들은 모두 어릴 때는 아주 훌륭한 미래를 갖고 있었다.

전쟁과 평화

교수들은 학계의 무자비한 문화를 대수롭지 않게 여기지만, 경영자들은 언제나 비즈니스를 전쟁에 비유한다. MBA 학생들은 클라우제비츠의 《전쟁론》과 《손자》(손자병법)를 들고 다닌다.

우리가 일상적으로 쓰는 비즈니스 용어에도 전쟁에 관한 비유가 곳곳에 침투해 있다. 우리는 '헤드헌터headhunter' (원래는 '죽인 사람의 머리를 모으는 사람' 이라는 뜻)를 고용해서 '판매 인력Sales force' ('force'는 원래 '병력' 을 뜻하는 말)을 보강해 '전속시장captive market' ('captive'는 말 그대로 포로가 되어 있는 제품 수요자들을 의미.) (무조건 특정 제품을 사갈 수밖에 없는 고정 고객층을 말한다—옮긴이)을 장악하고, '대박make a killing' 을 내기를 바란다. 하지만 이것은 비즈니스가 아니라 전쟁 같은 경쟁이다. 사람들은 경쟁이 필요하다고 주장하면서 용맹한 일인 양 취급하지만, 실제로 경쟁은 파괴적인 것이다.

사람들은 왜 서로 경쟁할까? 마르크스와 셰익스피어는 각각 사람들 간의 거의 모든 종류의 갈등을 이해할 수 있는 두 가지 모형을 제시했다.

마르크스에 따르면 사람들은 서로 다르기 때문에 싸운다. 프롤레타리아가 부르주아와 투쟁하는 것은 (마르크스에 따르면 서로 다른 물질적 환경으로 인해) 생각과 목표가 전혀 다르기 때문이다. 차이가 클수록 충돌도 커진다.

반면에 셰익스피어가 그리는 싸우는 사람들은 모두 비슷비슷하다. 그들은 싸울 이유가 전혀 없으며, 왜 싸우는지도 분명하지 않다. 한 예로 《로미오와 줄리엣》은 '똑같이 지체 높은 두 집안이'라는 대사로 시작된다. 두 집안은 비슷한데도 서로를 증오하고, 심지어 반목이 심해질수록 더욱더 닮아간다. 결국 두 집안은 애당초 싸움이 왜 시작되었는지는 기억조차 하지 못한다.

비즈니스의 세계에서 더 나은 지침을 제시하는 것은 셰익스피어다. 사람들은 회사 내부에서 승진을 위해 경쟁자에게 집착하고, 그러고 나면 회사는 시장에서 자신의 경쟁자들에게 집착한다. 온갖 극적인 상황 속에서 사람들은 정작 중요한 것은 잊어버리고, 그 대신 경쟁자에게 관심의 초점을 맞춘다.

셰익스피어의 모형을 현실 세계로 가져와 보자. 《로미오와 줄리엣》을 기초로 해서 '게이츠와 슈미트'라는 연극이 있다고 상상해보는 것이다. 몬터규는 마이크로소프트이고, 캐퓰릿은 구글이다. 최고의 컴퓨터광들이 운영하는 훌륭한 두 가문은 똑같기 때문에 분명 충돌하게 될 것이다.

모든 훌륭한 비극이 그렇듯이 충돌은 돌이켜봤을 때만 불가피해 보일 뿐, 실제로는 충분히 피할 수 있었던 일이다. 두 가문은 완전히 다른 곳에서 왔다. 몬터규 집안은 컴퓨터 운영체제와 사무용 응용 프로그램을 만들었고, 캐퓰릿 집안은 검색엔진을 만들었다. 그런데도 대체 싸울 이유가 무엇이었을까?

이유는 많았다. 신생기업이었을 때, 각 가문은 상대편을 내버려 두는 것으로 만족하며 각자 번영의 길을 찾았다. 하지만 점차 가문이 성장하면서 이들은 서로에게 관심의 초점을 돌리게 되었다. 몬터규 사람들은 몬터규 집안에 집착하는 캐퓰릿 사람들에게 집착했다. 그래서 어떻게 되었을까? 운영체제는 윈도 vs. 크롬OSChrome OS, 검색엔진은 빙 vs. 구글, 인터넷 브라우저는 익스플로러 vs. 크롬, 사무용 응용 프로그램은 MS오피스 vs. 문서도구Docs, 태블릿 PC는 서피스

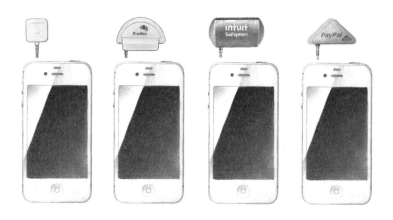

Surface VS. 넥서스Nexus로 서로 경쟁하게 됐다.

가문의 전쟁이 몬터규 가와 캐퓰릿 가의 아이들을 희생시켰던 것처럼 마이크로소프트와 구글은 지배력을 상실했고, 그 자리에 홀연히 애플이 나타나 두 가문을 모두 제치고 나아갔다. 2013년 1월, 애플의 시가총액은 5,000억 달러로서 구글과 마이크로소프트를 합친 4,670억 달러를 넘어섰다. 3년 전만 해도 마이크로소프트와 구글은 '각각' 애플보다 시가총액이 높았다. 전쟁은 큰 비용을 치러야 하는 비즈니스다.

경쟁 구도는 헤묵은 기회를 지나치게 강조하게 만들고, 과거에 효과가 있었던 것을 그대로 베끼게 만든다. 최근에 널리 보급된 휴대용 신용카드 리더기를 생각해보자. 2010년 10월에 스퀘어Square라는 신생기업은 작은 사각형 모양의 리더기를 출시했는데, 누구든지 아이폰만 있으면 신용카드를 그어서 결제할 수 있는, 훌륭한 휴대 기기용 결제 솔루션이었다.

그러자 모방자들이 앞 다퉈 나타나기 시작했다. 넷시큐어NetSecure라는 캐나다 회사가 반달 모양의 자체 카드 리더기를 출시했다. 인튜이트Intuit는 이 도형들의 전쟁터에 원통 모양의 리더기를 내놨다. 2012년 3월, 이베이의 페이팔 부문 역시 비슷한 카드 리더기를 내놓았고 모양은 삼각형이었다. 그리고 이 제품이 스퀘어에게는 결정타가 됐다. 역시 사각형보다는 삼각형이 간결했다. 셰익스피어 풍의 이 대하소설은 더 이상 도형 모양이 남아나지 않을 때까지 계속될 것 같았다.

　모방 경쟁의 위험성을 생각해보면, 아스퍼거증후군처럼 사회적 기술이 부족한 사람이 지금의 실리콘밸리에서는 오히려 유리해 보이는 이유를 조금은 이해할 수도 있을 것이다. 예를 들어 어떤 사람이 사회적 신호에 남들보다 덜 민감하다면, 그 사람은 남들과 똑같은 일을 할 가능성이 줄어들 것이다. 그런 사람이 물건을 만들거나 컴퓨터 프로그램을 짜는 데 관심이 있다면, 외골수처럼 그 일만 파고드는 것도 겁내지 않을 것이고, 그러다 보면 그 일을 믿기 힘들 만큼 잘하게 될 것이다. 그런 다음 그 능력을 어딘가에 적용한다면, 그 사람은 소신을 끝까지 포기하지 않을 가능성도 남들보다는 더 크다. 따라서 이 사람은 뻔한 것을 놓고 경쟁하는 무리들 속에 휩쓸리지 않을 수 있게 되는 것이다.

　경쟁 때문에 사람들은 기회가 없는 곳에서 기회라는 환상을 보기도 한다. 광란의 1990년대에 일어났던 온라인 애완동물용품 시장의 치열한 싸움이 바로 그런 경우였다. 이 시장에는 펫츠닷컴Pets.com, 펫스토어PetStore.com, 펫토피아Petopia.com를 비롯해 비슷비슷한 경쟁 업체가 수십 군데나 있었다. 각 업체들은 경쟁자를 퇴치하는 데 혈안이 되어 있었는데, 그 사실 자체만으로도 이미 각 업체 사이에 실질적 차이가 없다는 방증이었다. '개껌의 가격을 누가 가장 공격적으로 설정할 것인가', '수퍼볼 광고를 누가 가장 잘 만들 것인가'와 같은 전술상의 각종 문제에 푹 빠진 나머지, 이들 회사는 '과연 온라인 애완동물용품 시장이 계속해서 남아 있을 만한 곳인가'라는 더 큰 질문은 완전히 잊어버리고 말았다.

지는 것보다는 이기는 것이 낫겠지만, 싸울 만한 가치가 없는 전쟁이라면 모두가 진 것이나 마찬가지다. 닷컴 붕괴 이후 펫츠닷컴이 사업을 접자, 3억 달러의 투자 자본도 함께 사라졌다.

경쟁이 이상한 양상을 띠며 방해밖에 되지 않는 경우는 이 외에도 많다. 오라클Oracle의 공동 설립자이자 CEO인 래리 엘리슨Larry Ellison 과 1993년 시벨 시스템스Siebel Systems를 설립하기 전까지 오라클의 판매 부문 책임자로서 엘리슨의 총애를 받았던 톰 시벨Tom Siebel 사이의 충돌을 떠올려보라. 엘리슨은 시벨의 배신(이라 생각했던 것)에 격노했다. 시벨은 옛날 보스의 그림자에 가려지는 것이 싫었다. 두 사람은 기본적으로 똑같은 사람들이었다. 무언가를 파는 것을 좋아하고, 남에게 지는 것을 싫어한 저돌적인 시카고 사람들이었다. 그래서 두 사람은 미움도 깊었다.

엘리슨과 시벨은 서로에 대한 방해공작으로 1990년대 후반을 소모했다. 엘리슨은 시벨의 직원들에게 회사를 그만두라고 종용하기 위해 시벨의 본사로 아이스크림 샌드위치를 몇 트럭씩 보내기도 했다. 샌드위치 종이에는 이렇게 쓰여 있었다. "여름이 멀지 않았습니다. 오라클이 여기 있습니다. 당신의 밝은 앞날과 커리어를 위해."

이상하게도 오라클은 의도적으로 자꾸만 적을 만들었다. 엘리슨의 논리는 이랬다. "위협적으로 '보일 만큼' 큰 적이 있다는 것은 (그래서 직원들에게 동기 부여가 되는 것은) 언제나 좋은 일이다. 하지만 적이 너무 커서 실제로 위협이 되어서는 안 된다." 그러다 보니 1996년에 인포믹스Informix라는 조그만 데이터베이스 회사가 레드우드쇼

어즈에 있는 오라클의 본사 근처에 이런 광고판을 세웠을 때 아마 엘리슨은 무척 기뻤을 것이다. '공룡 다니는 길 주의.' 그리고 101번 고속도로 상행선 쪽에는 인포믹스가 세운 또 다른 광고판이 서 있었다. '방금 레드우드쇼어즈를 지나치셨습니다. 저희도 마찬가지입니다.'

오라클은 인포믹스의 소프트웨어가 달팽이보다 더 느리다는 의미의 광고판으로 맞대응했다. 그러자 인포믹스의 CEO였던 필 화이트Phil White는 좀 더 개인적인 앙갚음을 하기로 마음먹었다. 래리 엘리슨이 일본의 사무라이 문화를 좋아한다는 것을 알게 된 화이트는 오라클의 로고에 부러진 사무라이 칼이 함께 그려진 새로운 광고판을 주문했다.

이 광고는 이제 광고를 소비하는 대중들은 물론 오라클이라는 회사 자체를 겨냥한 것도 아니었고, 그저 엘리슨이라는 개인에 대한 공격이었다. 하지만 화이트는 경쟁 자체에 너무 많은 시간을 소모했는지도 모르겠다. 화이트가 광고판을 제작하느라 여념이 없을 때 인포믹스는 대형 회계 조작 스캔들이 터졌고, 화이트는 곧 주식 사기죄로 연방 교도소에 수감되었다.

경쟁자를 이길 수 없다면 합병하는 편이 나을 수도 있다. 1998년 나는 맥스 레브친Max Levchin과 함께 콘피니티Confinity를 창업했다. 1999년 말, 우리가 페이팔이라는 제품을 출시하자 일론 머스크Elon Musk의 엑스닷컴X.com이 턱밑까지 추격해왔다. 두 회사의 사무실은 팰로앨토의 유니버시티 가에 겨우 네 블록 떨어진 곳에 위치하고 있었고, 엑스닷컴의 제품은 사양 하나하나가 우리 것과 똑같았다.

1999년 말이 되자, 우리는 총력전을 펼치고 있었다. 페이팔에 매달리고 있던 우리는 1주일에 100시간을 일하는 사람도 많았다. 비생산적인 행태였다는 것은 두말할 나위가 없지만, 당시 우리의 관심사는 객관적 생산성이 아니라 엑스닷컴을 무찌르는 것이었다. 이런 목적으로 우리 엔지니어 중 한 명은 실제로 폭탄을 설계하기도 했다. 그가 팀 미팅에서 폭탄 설계도를 꺼내놓자, 다행히 더 차분한 사람들이 나서서 그 제안을 잠이 극단적으로 부족한 탓으로 돌렸다.

하지만 2000년 2월이 되자, 일론과 나는 서로에 대한 걱정보다 급팽창하고 있는 닷컴 버블이 더 걱정되기 시작했다. 금융계에 타격이 생긴다면 우리는 이 싸움을 끝내기도 전에 둘 다 망할 것이 분명했다. 그래서 3월 초에 우리는 중립지대(두 사무실로부터 정확히 같은 거리에 위치한 카페였다)에서 만났고, 50대 50 합병을 성사시켰다. 합병 이후 경쟁 구도를 완화시켜나가는 일은 쉽지 않았지만, 여러 문제점들을 해결하면서 우리는 더 좋은 회사가 될 수 있었다. 하나의 팀으로 합쳐진 우리는 닷컴 붕괴 사태를 이겨냈고, 회사를 성공적으로 키워낼 수 있었다.

가끔은 정말로 싸워야 할 때도 있다. 그럴 때는 싸워서 이겨야 한다. 중간은 없다. 아예 공격에 나서지 말든지, 아니면 한 방에 끝내야 한다. 이런 조언을 따르기가 쉽지 않은 것은 자존심이나 명예 같은 것이 끼어들기 때문이다. 햄릿은 이렇게 말했다.

"언젠가는 죽고야 말 불확실한 목숨을

 운명과 죽음, 위험천만한 일에 내맡긴다.

 계란 껍질만도 못한 일 때문에.

 마땅히 위대하다는 것은,

 위대한 논리도 없이 행동하는 것이 아니라

 지푸라기만 한 일에서도 싸울 명분을 찾아내는 것이다.

 거기에 명예가 걸려 있다면."

햄릿에게 위대함이란 달걀 껍질만큼 얄팍한 이유를 위해서도 기꺼이 싸우는 것이다. 중요한 일을 위해서라면 싸우지 '않을' 사람이 없을 테지만, 진정한 영웅은 개인의 명예를 아주 진지하게 받아들이는 나머지 중요하지 않은 일을 위해서조차 기꺼이 싸우려고 한다. 이 뒤틀린 논리는 인간 본성의 일부라고 인정할 수밖에 없지만, 비즈니스에서 이런 논리는 곧 재앙이다. 경쟁을 가치의 표식으로 보지 않고 파괴적인 것으로 인식할 수 있다면, 이미 어지간한 사람들보다는 분별이 있는 것이다.

다음 장에서는 어떻게 하면 밝은 눈으로 현실을 직시하며 독점기업을 세울 수 있을지 알아본다.

5

라스트 무버
어드밴티지

⬇

경쟁에서 벗어난다면 독점기업이 될 수 있겠지만, 독점기업도 미래까지 살아남았을 때만 위대한 기업이 될 수 있다. 한 예로 뉴욕타임스와 트위터의 가치를 한번 비교해보자. 두 회사 모두 몇천 명의 직원을 보유하고 있고, 수백만 명의 사람들이 뉴스를 접할 수 있는 수단을 제공한다. 하지만 2013년 상장 당시 트위터의 가치는 240억 달러였고, 이는 뉴욕타임스의 시가총액보다 '12배나 더 큰' 금액이었다. 2012년에 트위터는 적자를 기록했고, 뉴욕타임스는 1억 3,300만 달러를 벌어들였는데도 말이다. 그렇다면 트위터에는 왜 이렇게 어마어마한 프리미엄이 붙는 것일까?

그 답은 현금 흐름에 있다. 이 말은 언뜻 다소 괴상하게 들릴 수도 있을 것이다. 뉴욕타임스는 이익을 내고 있고 트위터는 그렇지 못하니까 말이다. 하지만 위대한 기업을 결정하는 것은 '미래에' 현금 흐름을 창출할 수 있는 능력이다. 투자자들은 향후 10년간 트위터가 독점 이윤을 확보할 수 있을 것으로 보고 있는 반면, 신문사들의 독점 시대는 이미 지났다.

간단히 말해서 오늘의 기업 가치는 그 회사가 미래에 벌어들일 모든 돈의 총합이다. (어느 기업의 가치를 제대로 평가하려면 미래 현금 흐름을 현재 가치로 할인해야 한다. 현재의 일정 금액은 미래의 같은 금액보다 더 큰 가치가 있기 때문이다.)

할인된 현금 흐름을 비교해보면, 저성장 기업과 고성장 스타트업 사이의 차이를 극명하게 알 수 있다. 저성장 기업의 가치는 대부분 가까운 시일 내에 발생한다. (신문사처럼) 구경제에 속한 기업은 지금의 현금 흐름을 앞으로도 5, 6년간 유지할 수 있다면 가치가 있을 수도 있다. 하지만 대체할 수 있는 다른 유사한 기업들이 있다면 이윤은 곧 경쟁을 통해 사라져버릴 것이다. 나이트클럽이나 식당이 그 극단적인 예다. 나이트클럽이나 식당 중에서도 성공적인 곳들은 현재 든든한 수익을 거두고 있을 수 있다. 하지만 그들의 현금 흐름은 아마도 향후 몇년 내에 줄어들기 시작할 것이다. 고객들이 더 새롭고 더 유행하는 곳으로 옮겨갈 것이기 때문이다.

하지만 기술 기업은 정반대의 궤도를 그린다. 기술 기업들은 처음 몇년 간은 손실을 기록하는 경우도 많다. 가치 있는 것을 만들어내려면 시간이 걸리고, 따라서 매출은 뒤늦게 발생하기 때문이다. 기술 기업의 가치는 대부분 적어도 10년에서 15년 후에 발생할 것이다.

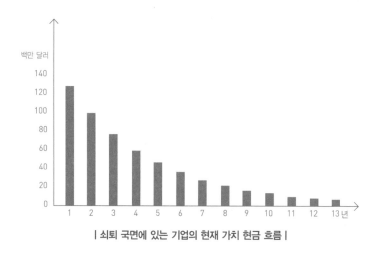

| 쇠퇴 국면에 있는 기업의 현재 가치 현금 흐름 |

2001년 3월, 페이팔은 아직 이익을 내지 못하고 있었지만 매출은 해마다 100퍼센트씩 증가하는 중이었다. 당시 내가 페이팔의 미래 현금 흐름을 예측해보니 기업 현재 가치의 75퍼센트가 2011년 이후에 발생할 이익에 기초하고 있었다.

사업을 시작한 지 겨우 27개월 된 회사에 대한 평가라고는 믿기 힘든 일이었다. 하지만 지금 와서 보면 이때의 예측조차 결과적으로는 과소평가였다는 것을 알 수 있다. 지금도 페이팔은 연 15퍼센트의 성장을 지속하고 있으며, 현금 할인율은 10년 전보다 오히려 낮아졌다. 현재 페이팔의 가치는 대부분 2020년 이후에나 실현될 것으로 보인다.

링크트인LinkedIn 역시 대표적으로 기업 가치가 먼 미래에 놓여 있는 회사다. 2014년 초 현재, 링크트인의 시가총액은 245억 달러로서,

2012년 기준 매출 10억 달러 미만, 순이익도 2,160만 달러밖에 안 되는 회사치고는 매우 높은 평가다.

이 수치들을 보고 투자자들이 정신이 나갔다고 생각하는 사람도 있을 것이다. 하지만 링크트인의 미래 현금 흐름 예상을 고려한다면 이런 평가는 충분히 타당성이 있다.

미래의 이익이 이토록 중요하다는 사실은 실리콘밸리에서조차 직관적으로 쉽게 이해되는 사항은 아니다. 어느 기업이 가치가 있으려면 앞으로 성장을 해야 할 뿐만 아니라 '회사가 존속해야' 한다. 그런데도 많은 기업가들은 오직 '단기 성장'에만 초점을 맞춘다. 물론 그들에게도 핑계는 있다. 성장은 측정하기가 쉽지만 '존속 가능성'은 측정하기가 쉽지 않다는 것이다. 수치에 열광하는 사람들은 주별 사용자 수weekly active user와 월별 매출 목표, 분기별 실적 보고

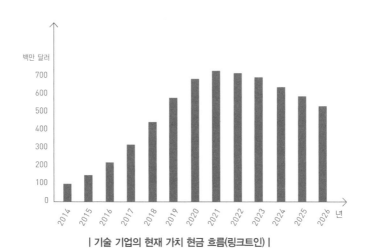

| 기술 기업의 현재 가치 현금 흐름(링크트인) |

서에 목을 맨다. 하지만 이 수치들을 모두 달성한다고 해도 측정하기 어려운 더 근본적인 문제들을 간과한다면 사업의 존속이 위협받을 수 있다.

징가Zynga나 그루폰Groupon 같은 회사를 예로 들어보자. 이들 회사는 단기적으로 빠르게 성장하는 바람에 경영자도 투자자도 장기적 문제에는 큰 관심을 기울이지 못했다. 징가는 팜빌Farmville 같은 게임을 통해 일찌감치 성공을 거두었고, 신상품의 매력도를 엄격히 측정할 수 있는 '심리 정신적 엔진psychometric engine'을 갖고 있다고 주장했다. 하지만 결국 징가는 할리우드의 모든 스튜디오가 겪는 것과 똑같은 문제에 부딪히고 말았다.

'어떻게 하면 변덕스러운 관객들이 좋아할 콘텐츠를 계속해서 안정적으로 만들어낼 것인가?' (해답은 아무도 모른다.) 그루폰의 경우도 급속한 성장을 거듭했고, 그루폰의 제품을 시도해보는 지역 업체들도 수십만 개로 늘어났다. 하지만 그런 업체들이 고정 고객이 되도록 설득하는 작업은 그루폰의 생각처럼 쉽지 않았다.

가까운 시일 내에 성장하는 데 목숨을 건다면, 스스로 자문해봐야 할 가장 중요한 질문을 놓치게 된다. '앞으로 10년 후에도 이 회사가 존속할 것인가?' 숫자만으로는 결코 그 답을 알 수 없다. 답을 알고 싶다면 내가 하는 사업의 질적 특성을 비판적으로 생각해봐야 한다.

독점기업의 특징

먼 미래까지 높은 현금 흐름이 예상되는 회사는 어떤 모습을 띠고 있을까? 모든 독점기업은 고유한 특성을 갖고 있지만, 보통은 다음과 같은 특징 중 몇 가지를 가진다는 공통점이 있다. 그 특징이란 각각 독자 기술, 네트워크 효과, 규모의 경제, 그리고 브랜드 전략이다.

이 특징들은 회사를 세울 때 반드시 모두 갖추고 있어야 할 체크목록은 아니다. 독점기업이 되는 지름길 따위는 없기 때문이다. 하지만 이들 특징을 기준으로 사업을 분석해본다면 어떻게 해야 존속 가능한 회사를 만들 수 있을지 생각할 때 도움을 얻을 수 있을 것이다.

1. 독자 기술

독자 기술이 있으면 해당 제품을 복제하기가 어렵거나 불가능하다. 따라서 독자 기술이야말로 기업이 가질 수 있는 가장 실질적인 이점이다. 예컨대 구글의 검색 알고리즘은 그 어느 검색 알고리즘보다 훌륭한 검색 결과를 내놓는다. 구글의 핵심 제품인 구글 검색엔진은 페이지 로드 시간이 극히 짧고 검색어 자동완성 기능도 매우 정확하기 때문에 다른 검색엔진들이 아무리 공격해도 탄탄한 지위를 계속 유지할 수 있다. 2000년대 초에 구글이 검색엔진계를 평정했던 것처럼 구글을 평정할 기업이 나타나기는 매우 어려울 것이다.

유용한 경험칙 하나를 제시하자면, 독자 기술은 가장 가까운 대체

기술보다 중요한 부분에서 '10배' 는 더 뛰어나야 진정한 독점적 우위를 확보할 수 있다. 그보다 못한 개선은 지엽적인 개선으로 인식돼 가치를 인정받기 어려울 것이다. 특히나 이미 참가자들이 수두룩한 시장이라면 더욱 그렇다. 10배의 개선을 이루는 가장 확실한 방법은 완전히 새로운 무언가를 고안해내는 것이다. 아무것도 없던 곳에 무언가 가치 있는 것을 만들어내면, 그 가치의 증가폭은 이론상 무한대다. 예를 들어 잠을 자지 않아도 되는 안전한 약을 개발하거나 대머리 치료제를 개발한다면 독점기업이 되는 것은 식은 죽 먹기일 것이다.

그렇지 않으면 기존의 해법을 근본적으로 개선하는 방법도 있다. 10배가 더 뛰어나면 경쟁에서 탈피할 수 있기 때문이다. 예컨대 페이팔은 이베이eBay에서 물건을 사고파는 방법을 10배는 편하게 만들었다. 우편으로 수표를 보내면 도착하는 데 7일에서 10일이 걸렸지만, 페이팔은 경매가 끝나자마자 구매자가 대금을 지불할 수 있게 해주었다. 판매자들은 대금을 즉시 받을 수 있을 뿐만 아니라 수표와는 달리 상대편 자금에 문제가 없다는 것도 알 수 있었다.

아마존이 처음으로 10배의 개선을 이룬 것 역시 눈에 띄는 일이었다. 다른 온라인 서점들에 비해 아마존은 10배 이상 많은 책을 선보였던 것이다. 1995년 아마존이 출범하면서 '지상 최대의 서점' 이라고 주장할 수 있었던 것은, 소매점들은 최대 10만 부 정도까지 재고를 보유할 수 있었던 데 반해 아마존은 물리적 재고를 전혀 보유할 필요가 없었기 때문이다. 아마존은 언제든지 고객이 주문을 할 때 공급자에게 해당 서적을 요청하면 되었다. 이 비약적인 발전이 얼마나 효과적이었느냐면, 크게 상심한 서점 체인 반스앤노블은 아마존이 상장되기 사흘 전에 소송을 내고, 아마존이 스스로를 '책 브로커'라고 부르지 않고 '서점'이라고 부르는 것은 공정하지 못하다고 주장했을 정도였다.

10배의 개선을 이루는 방법 중에는 우월한 통합 디자인을 하는 방법도 있다. 2010년 이전에는 태블릿 컴퓨팅이 얼마나 형편없었는지, 실질적 시장이 아예 존재하지 않는다고 봐야 할 정도였다. '마이크로소프트 윈도 XP 태블릿 PC 에디션' 제품은 2002년에 처음 출시되었고, 노키아는 자사의 '인터넷 태블릿'을 2005년에 출시했지만 두 제품 모두 사용하는 게 오히려 고역이었다. 그러던 차에 애플이 아이패드를 출시했다. 통합 디자인을 얼마나 개선했는지는 측정하기 어렵지만, 어찌 되었든 아이패드가 이전의 제품들보다 적어도 10배 이상의 개선을 이룬 것만큼은 분명해 보였다. 태블릿 PC는 쓸 수 없던 것에서 쓸모 있는 것으로 바뀌었다.

2. 네트워크 효과

네트워크 효과는 더 많은 사람들이 사용할수록 해당 제품을 더 유용하게 만들어준다. 친구들이 모두 페이스북을 사용한다면 당신도 페이스북에 가입하는 편이 좋을 것이다. 혼자서 다른 소셜 네트워크를 선택한다면 괴짜 취급이나 받을 테니 말이다.

네트워크 효과는 강력한 것이지만, 그 효과를 누리려면 초창기의 사용자들에게 해당 제품이 가치가 있어야 한다. 어떤 네트워크든 처음에는 규모가 작을 수밖에 없기 때문이다. 한 예로 1960년에 재너두 Xanadu라는 돈키호테 같은 회사가 있었다. 이 회사는 모든 컴퓨터 사이의 양방향 통신 네트워크를 만들기 시작했다. 말하자면 월드와이드웹www의 동기식synchronous 초기 버전 같은 것이었다. 30년 넘는 세월 동안 헛된 노력을 계속했던 재너두는 웹이 상용화되기 시작할 즈음에 사업을 접었다. 재너두의 기술은 아마도 대규모 네트워크에서는 효과가 있었겠지만, 문제는 대규모 '에서만' 효과가 있다는 점이었다. 재너두의 기술을 사용하려면 모든 컴퓨터가 동시에 네트워크에 접속해야 했는데, 그런 일은 결코 일어날 수가 없었다.

그리고 역설적이지만 네트워크 효과가 필요한 사업들은 특히나 더 작은 시장에서 시작해야 한다. 페이스북은 처음에는 겨우 하버드 대학생들 사이에서만 사용되었다. 마크 저커버그의 첫 작품은 수업을 함께 듣는 친구들이 모두 가입할 수 있게 구상되었을 뿐, 지구상 모든 사람을 끌어들일 수 있게 디자인된 것은 아니었다. 그리고 이 점은 MBA 출신들이 왜 좀처럼 성공적인 네트워크 사업을 시작하지 못하는지도 설명해준다. 초기 시장이 너무 작기 때문에 그들에게는 사업 기회로조차 보이지 않는 경우가 많은 것이다.

3. 규모의 경제

독점기업은 규모가 커질수록 더 강해진다. 판매량이 클수록 제품을 만드는 데 들어가는 고정비(설계, 관리, 사무 공간 등)가 분산되기 때문이다. 특히나 소프트웨어 스타트업이라면 제품 하나를 추가로 생산하는 데 들어가는 비용은 거의 제로에 가깝기 때문에 규모의 경제 효과를 보다 극적으로 누릴 수 있다.

많은 기업들은 대규모로 성장해도 누릴 수 있는 이점이 제한적이다. 특히 서비스 회사는 독점기업이 되기 어렵다. 예를 들어 요가 스튜디오를 운영하는 사람이라면 상대할 수 있는 고객의 수가 제한되어 있다. 강사를 더 채용하고 더 많은 곳에 지점을 낼 수는 있겠지만, 수익률은 여전히 상당히 낮은 수준을 유지할 것이다. 소프트웨어 엔지니어들이 하듯이 재능 있는 사람들 몇몇이서 수백만 고객에게 가치를 제공할 수는 없다.

훌륭한 신생기업이라면 처음 디자인할 때부터 대규모로 성장할 잠재성을 갖고 있어야 한다. 트위터는 이미 2억 5,000만 명 이상의 사용자를 보유하고 있다. 트위터는 더 많은 사용자를 유치하기 위해 이것저것 맞춤형 기능을 추가할 필요도 없고, 성장이 중단될 만한 내부적 요인도 없다.

4. 브랜드 전략

어느 회사든 자기 브랜드에 대해서는 당연히 독점권을 갖고 있다. 따라서 튼튼한 브랜드를 구축하는 것은 독점기업이 될 수 있는 강력한 수단이다. 현재 가장 강력한 기술 브랜드는 '애플'이다. 매력적인 디자인과 엄선된 원자재로 만들어지는 아이폰이나 맥북 같은 제품, 미니멀리즘 스타일의 세련된 애플 스토어, 소비자 경험에 대한 철저한 통제, 어디서나 볼 수 있는 광고, 프리미엄 제품 제조사에 걸맞은 가격 포지셔닝, 아직도 남아 있는 스티브 잡스Steve Jobs라는 카리스마 있는 개인의 후광 효과 등이 모두 합쳐져 애플 제품은 그 자체를 하나의 카테고리로 봐야 할 만큼 훌륭하다는 인식이 생겼다.

애플의 성공에서 뭔가를 배워보려고 했던 사람은 많았다. 돈 들인 만큼 효과를 내는 광고, 브랜드를 부착한 상점, 고급스런 재질, 재미난 기조연설, 고가 정책, 심지어 미니멀리즘을 차용한 디자인까지 전부 다 모방하기가 별로 어렵지 않은 것들이었다. 하지만 겉만 번드르르하게 만들어주는 이런 잔기술들은 그 밑에 실질적인 무언가가 단단히 자리하고 있지 않으면 아무 소용이 없다.

애플은 하드웨어(뛰어난 터치스크린 소재)와 소프트웨어(특정 소재에 맞춤형으로 디자인된 터치스크린 인터페이스) 양쪽에서 보유하고 있는 독자 기술들이 한데 어우러져 하나의 완전체를 이루고 있다. 또한 애플은 자신들이 구입하는 자재에 대해 가격 결정력을 행사할 수 있을 만큼 대량으로 제품을 제조한다. 그리고 자체 콘텐츠로 형성된 생태계를 통해 강력한 네트워크 효과를 누린다. 수천 명의 개발자들이 애플 제품을 위한 소프트웨어를 만드는 이유는 수억 명의 사용자가 있기 때문이고, 그 사용자들이 다른 플랫폼으로 갈아타지 않는 이유는 애플리케이션들 때문이다.

애플의 빛나는 브랜드에 가려져서 다른 독점적 우위 요소들은 크게 눈에 띄지 않지만, 정작 애플의 브랜드 전략이 독점을 효과적으로 강화할 수 있는 것은 그 바탕에 이런 우위 요소들이 이미 자리 잡고 있기 때문이다.

'실질'이 아닌 브랜드에서부터 시작하려는 것은 위험한 전략이다. 2012년 중반, 야후의 CEO가 된 머리사 메이어Marissa Mayer는 부임 이후 줄곧 야후를 다시 '쿨cool'하게 만들어서 야후의 예전 명성을 되찾으려고 노력했다. 야후는 트윗 한 줄로 메이어의 계획을 잘 요약해 보여줬는데, "사람이 먼저고, 그다음이 제품, 그다음이 트래픽, 그다음이 매출"이라는 연쇄 작용을 기대했다. 야후는 자신들이 '쿨'해지면 사람들이 '쿨함'을 찾아올 거라고 믿었다. 그래서 로고를 재정비해 디자인 인식이 제고되었음을 보여줬고, 텀블러와 같은 '핫hot한' 신생기업을 인수해 젊은 층을 사로잡겠다는 의지를 표명했다. 그리고 메이어 자신의 스타 파워를 활용해 미디어의 관심도 이끌어냈다.

하지만 정작 가장 큰 의문점은 야후가 실제로 어떤 제품을 만들어낼 것이냐 하는 점이었다. 애플에 복귀한 스티브 잡스는 애플을 단지 일하기 쿨한 곳으로 만든 것이 아니라, 제품 라인을 과감히 쳐내고 10배의 개선을 이룰 수 있는 소수의 제품에 집중했다. 그 어느 기술 기업도 브랜드 전략 하나만으로 일어설 수는 없다.

독점기업 세우기

독점기업은 브랜드, 규모, 네트워크 효과, 기술 중 몇 가지 요소가 합쳐져 만들어진다. 하지만 이런 요소들이 제대로 작동하려면 신중하게 시장을 선택하고, 의도적으로 시장을 확장해야 한다.

작게 시작해서 독점화하라

모든 신생기업이 처음에는 작게 시작한다. 모든 독점기업은 시장을 크게 지배한다. '따라서 모든 신생기업은 아주 작은 시장에서 시작해야 한다.' 너무 작다 싶을 만큼 작게 시작하라. 이유는 간단하다. 큰 시장보다는 작은 시장을 지배하기가 더 쉽기 때문이다. 초기 시장이 너무 클 수도 있겠다는 생각이 든다면, 분명히 너무 큰 것이다.

작다는 것이 존재하지 않는다는 뜻은 아니다. 페이팔의 초기에 우리가 저지른 실수가 바로 이 부분이었다. 우리가 만든 첫 제품은 사람들이 팜파일럿을 통해 서로 돈을 송금할 수 있게 해주는 상품이었다. 재미있는 기술이었고, 그 당시 아무도 하지 않는 일이었다. 하지만 전 세계 수백만 명의 팜파일럿 사용자들은 한 장소에 모여 있지도 않았고, 서로 공통점도 거의 없었으며, 아주 가끔씩만 자신의 기기를 이용했다. 아무도 우리 제품을 필요로 하지 않으니 고객이 없었다.

이렇게 배운 교훈을 바탕으로 우리는 이베이에서 실시하는 경매를 목표로 삼았고, 그곳에서 첫 번째 성공을 거두었다. 1999년 말, 이베이는 대량 거래를 주도하는 '파워셀러PowerSeller' 수천 명을 보유하고 있었다. 이들에게 집중적으로 노력을 기울인 결과, 3개월 후 우리는

이들 중 25퍼센트에게 서비스를 제공할 수 있었다. 곳곳에 흩여져 있
는 수백만 명의 주의를 끌려고 애쓰는 것보다는 정말로 우리 제품이
필요한 기천 명에게 접근하는 편이 훨씬 쉬웠다.

신생기업에게 완벽한 표적 시장은 경쟁자가 없거나 아주 적으면
서도 특정한 사람들이 적은 규모로 모여 있는 시장이다. 뭐가 되었
든 큰 시장은 좋은 선택이 아니다. 이미 여러 회사가 경쟁하고 있
는 큰 시장이라면 더욱더 나쁜 선택이다. 따라서 만약 기업가들이
1억 시장의 1퍼센트에 관해 이야기한다면 언제나 적신호라고 봐야
한다.

사실 시장이 크다면 어느 분야에서 시작해야 할지 알 수 없거나 경
쟁에 노출되어 있을 것이므로 그 1퍼센트를 달성하는 것조차 매우 어
려울 것이다. 그리고 실제로 발판을 마련한다고 해도 회사 문을 닫지
않는 것으로 만족해야 할 것이다. 치열한 경쟁은 곧 이윤이 0이 된다
는 뜻이니까 말이다.

몸집 키우기

틈새시장을 만들어내 지배하게 되었다면, 관련 있는 좀 더 넓은 시장
으로 서서히 사업을 확장해야 한다. 그 방법을 가장 잘 보여준 것이
'아마존'이다.

제프 베조스Jeff Bezos가 아마존을 세울 당시, 그의 비전은 온라인 소
매점을 모두 먹어버리는 것이었다. 하지만 그는 용의주도하게도 책

에서부터 그 작업을 시작했다. 상품 목록에 올릴 수 있는 책은 수백만 권이었지만, 그 수백만 권은 모양이 거의 똑같았고 배송 또한 쉬웠다. 그리고 가장 잘 안 팔리는 일부 서적은 소매점들 입장에서는 이익이 안 나므로 재고로 쌓아두기를 꺼렸지만, 아마존 입장에서는 가장 열정적인 고객들을 끌어들일 수 있는 상품이었다. 서점에서 멀리 살거나 평범하지 않은 책을 찾는 사람들에게 아마존은 곧 구세주와 같은 대안이 되었다.

그러고 나서 아마존 앞에는 두 가지 선택이 있었다. 책 읽는 사람의 수를 늘리든지, 아니면 인접 시장으로 사업을 확장해야 했다. 후자를 선택한 아마존은 가장 비슷한 시장부터 공략하기 시작했다. CD, 비디오, 소프트웨어 같은 것들 말이다. 이후 아마존은 계속해서 하나둘씩 제품 카테고리를 늘려갔고, 결국에는 이 세상에 존재하는 대부분의 상품을 취급하는 만물상이 되었다. 아마존이라는 이름 자체도 이 회사의 확장 전략을 기가 막히게 압축적으로 표현하고 있다. '아마존' 하면 떠오르는 열대우림의 생물 다양성은 세상의 모든 책을 포괄하겠다는 아마존의 첫 번째 목표를 반영했고, 지금은 말 그대로 세상의 모든 것을 상징하고 있다.

이베이 역시 그 시작은 작은 틈새시장을 지배한 것이었다. 1995년 처음 경매 시장을 출범시켰을 때, 이베이는 온 세상이 단번에 자신들을 받아들여 주기를 바라지 않았다. 온라인 경매 시장이 좋은 반응을 일으킨 것은 규모가 크지 않더라도 깊은 관심사를 공유하고 있는 집단에서였다. 봉제인형 비니 베이비Beanie Baby 애호가들처럼 말이다.

비니 베이비 거래를 독점하게 된 후에도 이베이는 곧장 스포츠카나 산업용 중고 자재 시장 등으로 뛰어들지 않았다. 오히려 별 볼일 없는 취미생활 애호가들에게 서비스를 계속하면서 아이템에 관계없이 이베이가 사람들이 온라인 거래를 하기에 가장 믿을 만한 사이트가 되기를 기다렸다.

몸집을 키우려고 하면 종종 눈에 보이지 않는 장애물이 있을 때도 있다. 최근 이베이 역시 이런 교훈을 얻었다. 다른 시장과 마찬가지로 경매 시장도 자연적 독점이 일어나기 쉽다. 구매자들은 판매자가 있는 곳으로 가고, 판매자들도 구매자를 찾아가기 때문이다. 하지만 이베이는 경매라는 사업 모형은 동전이나 우표처럼 개별적인 가치가 있는 제품에 가장 적합한 사업 모형이라는 것을 알게 되었다. 일반 상품의 경우 경매는 그 정도의 매력이 없었다. 사람들은 연필이나 크리넥스를 가지고 경매에 참가할 마음은 없었고, 이런 물건들은 그냥 아마존에서 구입하는 편이 더 편했다.

이베이는 여전히 가치 있는 독점기업이다. 다만 2004년에 사람들이 기대했던 것만큼 큰 기업이 되지는 못했다.

시장 확장 순서를 제대로 정하는 일이 얼마나 중요한지에 대해서는 아직 충분한 인식이 형성되지 못했지만, 단계적으로 사업을 확장하려면 원칙이 필요하다. 가장 성공한 회사들은 핵심적인 이행 계획(처음에는 특정 틈새시장을 지배하고 그다음에는 인접 시장으로 확장)을 설립 단계에서부터 미리 세운다.

파괴하지 마라

실리콘밸리는 '파괴disruption'에 대한 강박을 갖고 있다. '파괴적 혁신'이란 원래 하나의 시장 잠식 전략을 설명하는 단어였다. 회사가 신기술을 이용해 기본형 상품을 저가에 소개한 후, 시간이 지나면서 제품을 개선하고, 결국에는 옛 기술을 이용하는 기존 업체들의 프리미엄 제품까지 따라잡는 전략이었다. PC가 출현해 대형 컴퓨터 시장을 파괴한 것도 이와 비슷한 전략이었다. 처음에는 별것 아닌 것처럼 보이던 PC가 나중에는 시장을 지배하게 된 것이다. 어쩌면 지금은 모바일 기기들이 PC를 상대로 똑같은 전략을 펼치고 있는지도 모른다.

하지만 최근 들어 파괴적 혁신은 자신들의 제품이 최신 유행의 새로운 제품이라는 점을 강조하려고 제조사들이 직접 사용하는 일종의 유행어가 되었다. 하찮아 보이는 이 새로운 유행어가 중요한 이유는, 기업가들 스스로 경쟁 시장을 당연시하게끔 기업가들의 인식을 왜곡시키고 있기 때문이다.

파괴적 혁신이라는 개념은 기존 회사들에 대한 위협을 묘사하려고 만든 말이다. 그런데 신생기업들이 파괴에 집착한다면, 이는 구식 회사들의 시각으로 자기 자신을 보겠다는 뜻이 되고 만다. 스스로를 반란을 도모하는 사악한 힘이라고 생각한다면, 앞으로 부딪힐 장애물에 지나치게 연연하게 되기 쉽다. 하지만 정말로 새로운 무언가를 만들고 있다면, 신생기업이 만들어낸 것을 좋아하지 않을 게 뻔한 구식 업계보다는 '창조'라는 활동 자체가 훨씬 더 중요하다. 실제로 신생기업의 정체성이 단순히 기존 회사에 반대되는 것들을 모아놓은 것에 불과하다면, 결코 완전히 새로운 기업이라고 할 수는 없으며, 아마도 독점기업으로 성장하기 어려울 것이다.

파괴는 또한 사람들의 이목을 집중시킨다. 파괴자는 문제를 일으키고 싶어서 문제를 찾아낸 사람이다. 교실 내의 질서를 파괴한 아이는 교장실로 보내진다. 시장을 파괴하는 기업들 중에는 이기지도 못할 싸움을 거는 경우가 많다. 냅스터Napster의 경우가 바로 그랬다. 냅스터라는 이름부터가 말썽을 의미했다. 대체 '냅nap('nap'은 낮잠)'할 수 있는 게 뭐가 있다는 말인가? 음악, 아이들…… 대충 그 정도일 것이다. 1999년 10대였던 냅스터의 두 창업자 숀 패닝Shawn Fanning과 숀 파커Sean Parker는 당시 강력했던 음반 산업이 위협을 느낄 만큼 업계를 확실히 어지럽혔고, 이듬해에는 〈타임〉지의 커버를 장식했다. 그리고 그로부터 1년 반 후, 두 사람은 파산 법정에 서 있었다.

페이팔도 어떻게 보면 시장을 파괴했다고 볼 수도 있다. 하지만 페이팔은 그 어느 대형 경쟁 기업에게도 직접적으로 도전장을 내밀지 않았다. 페이팔이 인터넷 결제를 보급하면서 비자Visa가 하던 업무의 일부를 가져온 것은 사실이다. 소비자들은 가게에서 비자카드로 물건을 사는 대신 페이팔로 온라인에서 물건을 살 수도 있게 되었으니까 말이다. 하지만 우리는 결제 시장 전체를 확장시킴으로써 우리가 비자에서 가져온 것보다 더 많은 사업 기회를 비자에게 돌려주었다. 전체를 놓고 보면 긍정적인 영향이 더 많았다는 얘기다. 반면에 냅스터는 미국 음반업계와 제 살 깎기 식의 싸움을 벌였다.

인접 시장으로 사업을 확대할 계획이라면 시장을 파괴하지 마라. 할 수 있다면 경쟁은 피할수록 좋다.

라스트 무버가 1등이 된다

'퍼스트 무버 어드밴티지first mover advantage' 라는 말을 들어봤을 것이다. 어느 시장에 처음 진입한 기업은 다른 경쟁자들이 우왕좌왕하는 동안 상당한 시장 점유율을 확보할 수 있다. 하지만 먼저 움직이는 것은 하나의 전략일 뿐 목표가 아니다. 정말로 중요한 것은 미래의 현금 흐름을 창출하는 것이다.

따라서 누군가 따라와서 1위 자리를 빼앗는다면 퍼스트 무버가 되는 것은 아무 소용이 없다. 그럴 바에는 차라리 '라스트 무버last mover' 가 되는 편이 낫다. 즉 특정 시장에서 마지막으로 훌륭한 발전을 이뤄내어 몇 년간 심지어 몇십 년간 독점 이윤을 누리는 것이다. 그렇게 하는 방법은 작은 틈새시장을 장악한 다음, 거기서부터 규모를 확장하고 야심찬 장기적 비전을 향해 나아가는 것이다. 이 점에서 비즈니스는 체스와 비슷하다. 체스 선수 최고의 영예인 '그랜드마스터' 가 되었던 호세 라울 카파블랑카José Raúl Capablanca는 이렇게 말했다. 성공하려면 "다른 무엇보다 먼저 마지막 수를 연구하라."

6

스타트업은
로또가 아니다

비즈니스 세계에서 가장 논란이 많은 주제는 '성공이 운이냐 아니면 능력이냐' 하는 문제다. 성공한 사람들은 이에 대해 뭐라고 얘기할까?

성공한 사람들에 관한 글을 쓰는, 성공한 작가 말콤 글래드웰Malcolm Gladwell은《아웃라이어》에서 성공은 "행운과 예기치 못한 이점들이 얽혀서" 만들어진다고 말한다. 워런 버핏Warren Buffett이 스스로를 "운 좋은 정자 모임의 멤버"이자 "난자 복권" 당첨자라고 말한 것은 유명한 얘기다. 제프 베조스는 아마존의 성공이 "믿기 힘든 행성의 배열(몇백 년 만에 한 번 오는 기회)" 덕분이라고 말하면서 "반은 운이었고, 반은 타이밍이 좋았고, 나머지가 머리 덕분"이라고 농담을 했다. 빌 게이츠는 심지어 자신이 "운이 좋아서 특정 능력들을 타고났다"라고까지 말했다. 그게 정말로 가능한지는 의문이지만 말이다.

이들은 어쩌면 전략적으로 겸손을 떠는 것인지도 모른다. 하지만 여러 기업을 성공 궤도로 올려놓는 사람들이 있는 것을 보면, 성공을 기회의 산물로 치부하려는 경향들은 의심해볼 필요가 있다. 세상에는 수백만 달러짜리 기업을 여러 개 세운 사람도 수백 명이나 된다. 스티브 잡스나 잭 도시Jack Dorsey, 일론 머스크 같은 몇몇 사람은 수십 '억' 달러짜리 회사를 여러 개 만들었다. 성공이 대부분 운에 달려 있다면, 이렇게 여러 개의 사업을 성공시킨 인물들은 존재하지 않을 것이다.

트위터와 스퀘어의 창업자인 잭 도시는 2013년 1월 자신의 200만 팔로어들에게 이런 트윗을 남겼다. "성공은 결코 우연이 아니다."

답글로 달린 글들은 대부분 노골적으로 부정적인 내용이었다. 해당 트윗을 〈애틀랜틱〉에 보도한 알렉시스 매드리걸Alexis Madrigal 기자는 이렇게 답했다. "성공은 결코 우연이 아니라고 말한 사람은 모두 백인 남성 백만장자들이다." 이미 성공한 사람들이 새로운 일을 하기가 더 쉬운 것은 사실이다. 인적 네트워크도 그렇고, 재산도 있고, 경험도 있으니까 말이다. 하지만 그 점만을 강조한다면 계획을 세워 성공했다고 말하는 사람들을 너무 쉽게 무시하는 일이 될 것이다.

이 논쟁을 객관적으로 해결할 방법은 없을까? 안타깝지만 없다. 기업은 실험 대상이 아니기 때문이다. 예를 들어 페이스북에 관해 과학적인 대답을 얻으려면, 2004년으로 돌아가서 1,000개의 세상을 만든 다음 각 세상마다 페이스북을 하나씩 시작해 몇 개나 성공하는지

지켜봐야 할 것이다. 하지만 이런 실험은 불가능하다. 모든 기업은 자신만의 고유한 환경에서 시작하며, 모든 기업에게 시작은 단 한 번 뿐이다. 표본 크기가 1일 때는 통계가 나올 수 없다.

르네상스와 계몽 시대부터 20세기 중반에 이르기까지 '운'이란 내 마음대로 할 수 있고, 지배할 수 있으며, 통제할 수 있는 것이었다. "할 수 없는 일에 초점을 맞추지 말고 할 수 있는 일을 하라"는 말에 모든 사람이 동의했다. 랠프 왈도 에머슨Ralph Waldo Emerson은 이런 정신을 가리켜 다음과 같이 말했다. "얄팍한 사람은 운을 믿고, 환경을 믿는다……. 강한 사람은 원인과 결과를 믿는다." 1912년 처음으로 남극에 도달한 탐험가 로알 아문센Roald Amundsen은 이렇게 말했다. "모든 것을 다 제자리에 갖춰놓은 사람에게 승리가 찾아온다. 사람들은 그것을 운이라고 부른다."

불운이 존재하지 않는다고 말한 사람은 없었다. 하지만 이전 세대들은 열심히 노력하면 자기 자신의 운을 만들 수 있다고 믿었다.

인생이 대부분 우연에 의해 결정된다고 믿는다면 이 책은 왜 읽고 있는가? 단지 복권에 당첨된 사람들의 이야기를 읽고 있다면 창업에 관해 배우는 것은 소용없는 일일 것이다. 《바보들을 위한 슬롯머신》 같은 책이 나온다면 어떤 부적이 좋은지, '당첨 확률이 높은' 슬롯머신을 어떻게 구별하는지 말해주겠다고 주장할 수 있겠지만, 결코 당첨되는 법을 알려줄 수는 없을 것이다.

빌 게이츠는 그저 '지능'이라는 복권에 당첨되었던 것일까? 셰릴 샌드버그Sheryl Sandberg(구글의 부사장을 지내고 지금은 페이스북의 COO인 여성 경영인—옮긴이)는 금수저를 입에 물고 태어난 것일까? 아니면 '린 인lean in' (셰릴 샌드버그가 펴낸 책의 제목. 'lean in'은 뒤로 주춤 물러서지 말고 기회를 향해 달려들라는 뜻—옮긴이)한 걸까? 이렇게 지나간 일들에 대해 토론할 때 '운'이란 언제나 과거 시제로 사용된다. 하지만 훨씬 더 중요한 것은 미래에 관한 질문들이다. '미래는 우연인가, 디자인하는 것인가?'

미래를 통제할 수 있을까

우리는 미래가 명확한 모습을 갖추고 있을 거라고 생각할 수도 있고, 어렴풋하고 불확실하다고 생각할 수도 있다. 미래를 명확한 것으로 생각하면, 미래를 미리 이해하고 만들어가려는 노력을 하는 게 타당할 것이다. 하지만 임의성이 지배하는 불명확한 것이라고 생각한다면, 미래의 주인이 되기 위한 노력은 포기하게 될 것이다.

이처럼 미래가 불명확하다고 여기는 태도 때문에 요즘 특히 역기능을 일으키고 있는 문제점이 있는데, 바로 절차가 실질보다 중시되는 경향이다. 실행할 구체적인 계획이 없을 때 사람들은 으레 다양한 옵션을 묶어 포트폴리오를 만드는데, 요즘 미국인들이 바로 그렇게 하고 있다. 중학교에서는 학생들에게 갖가지 '특별 활동'을 하라고 권한다. 고등학교에서는 포부가 큰 학생들은 무엇이든 다 잘한다는 소리를 들으려고 더욱 기를 쓰고 경쟁한다. 그러다가 대학에 가면 절대로 알 수 없는 미래에 대비해 당황스러울 만큼 다채로운 이력서를 꾸미느라 거의 10년을 보낸다. 이런 사람은 무슨 일이 벌어져도 준비가 되어 있겠지만, 반대로 그 어느 것에도 구체적이고 확실하게 준비가 되어 있지 않을 것이다.

반면에 미래를 명확한 것으로 생각한다면 흔들림 없는 확신이 있을 것이다. 확신이 있는 사람은 평범한 것들을 이것저것 좇으면서 '다방면에 소질이 있다' 라고 말하지 않고, 가장 하고 싶은 것 하나를 정해서 그 일을 한다. 남들과 구별되지 않는 사람이 되려고 부단히 노력하는 게 아니라, 뭔가 실질적인 것에서 뛰어난 사람이 되려고 노력한다. 즉, 한 가지를 독점하기 위해 노력하는 것이다.

하지만 요즘 젊은 사람들이 이렇게 하지 않는 이유는 주변의 모든

	명확	불명확
낙관적	1950년대~1960년대 미국	1982년~현재 미국
비관적	현재 중국	현재 유럽

사람이 명확한 세상에 대한 믿음을 잃은 지 오래이기 때문이다. 한 가지만 뛰어나서 스탠퍼드에 갈 수 있는 사람은 아무도 없다. 그 한 가지가 미식축구가 아닌 이상에는 말이다.

미래가 현재보다 나을 거라고 생각하는 사람도 있고, 못할 거라고 생각하는 사람도 있다. 낙관주의자들은 미래를 환영하고, 비관주의자들은 미래를 두려워한다. 이 두 가지 가능성을 결합하면 네 가지 시각이 가능하다.

불명확한 비관주의

모든 문화에는 황금시대에 관한 신화가 있다. 그리고 우리는 그 시대로부터 쇠퇴해왔다고 전해진다. 또 역사적으로 보면, 거의 모든 민족이 비관주의자였던 때가 있다. 심지어 지금도 비관주의는 전 세계의 아주 큰 부분을 지배하고 있다. '불명확한 비관주의자'는 암울한 미래를 예상하지만 그래서 뭘 어떻게 해야 할지 모른다. 1970년대 초 이후 유럽이 바로 이런 모습이다.

1970년대 초, 유럽 대륙은 지도자가 없어 정부가 표류하는 시기를 겪었다. 지금은 유로존 전체가 서서히 진행 중인 위기에 빠져 있지만, 책임지고 사태를 주도할 사람은 아무도 없다. 유럽중앙은행은 임기응변 말고는 할 줄 아는 게 없다. 미국 재무성이 달러화에 '우리는 신을 믿습니다'라고 써놓았듯이 유럽중앙은행도 유로화에 '오늘 할 일을 내일로 미루자'라고 써놓는 편이 좋을지도 모른다. 유럽인들은 문제가 터지고 나면 그제야 그 문제에 반응하면서 사정이 더 나빠지지 않기를 바란다.

불명확한 비관주의자는 쇠퇴가 불가피하다고 생각하면서도 그게 빠르게 진행될지 느리게 진행될지, 재앙의 수준이 될지 점진적으로 진행될지는 모른다. 불명확한 비관주의자가 할 수 있는 일이라고는 먹고, 마시고, 즐기면서 쇠퇴가 진행되기를 기다리는 것뿐이다. 유럽인들이 휴가에 열광하는 데는 다 이유가 있다.

명확한 비관주의

'명확한 비관주의자'는 미래를 알 수 있다고 믿지만, 그 미래가 암울할 것이기 때문에 준비를 해야 한다고 생각한다. 놀랄 만한 일이지만 오늘날 전 세계에서 가장 확실하게 비관주의적인 입장을 취하고 있는 곳은 아마 중국일 것이다.

어마어마한 속도로 빠르게 성장(2000년 이후 연 10퍼센트씩 성장)하는 중국 경제를 보면서 미국인들은 중국이 미래의 주인이 된 것처럼 자신감에 넘친 나라일 거라고 상상한다. 하지만 이러한 생각은 아직 낙관주의자인 미국인들이 자신들의 낙관주의를 중국에 투영시킨 것에 불과하다. 중국인들 입장에서 보면 경제가 아무리 빨리 성장해도 느리기만 한 것 같다. 다른 모든 나라들은 중국이 전 세계를 잡아먹을까 봐 두려워하지만, 정작 중국인들은 자신들이 전 세계를 못 잡아먹을까 봐 두려워한다.

중국이 이토록 빠르게 성장할 수 있는 이유는 단지 시작 지점이 너무 낮기 때문이다. 중국이 가장 쉽게 성장하는 길은 서구에서 이미 효과가 있었던 것을 무차별적으로 베끼는 것이고, 실제로 중국은 정확히 그렇게 하고 있다. 명확한 계획을 세워놓고, 그 어느 때보다 많은 석탄을 태우면서 그 어느 때보다 많은 공장과 고층 건물을 지어올리고 있다. 하지만 어마어마한 인구가 원자재 값을 계속 상승시키는 마당에 중국의 생활수준이 전 세계 가장 부유한 국가들을 따라잡을 방도는 없다. 그리고 중국인들 역시 이 점을 알고 있다.

그렇기 때문에 중국 지도자들은 상황이 더 나빠질 것처럼 위협을 느끼게 만드는 조치들에 집착한다. 중국의 고위 지도자들은 모두 어린 시절 기아를 겪어본 세대이므로, 공산당 중앙위원회가 미래를 생각할 때는 재난도 항상 구체적으로 염두에 둔다. 중국 국민들 역시 추운 겨울이 다가오고 있음을 알고 있다. 외부인들은 중국 내에서 어마어마한 부가 만들어진다는 사실에 감탄하지만, 실제로 부유한 중국인들은 국외로 돈을 빼돌리려고 기를 쓰고 있다. 반면에 부유하지 않은 중국인들은 힘닿는 데까지 뭐든 절약하고 비축해두면서, 그 정도면 제발 충분하기를 바란다. 계급을 막론하고 중국 사람들은 미래를 아주 심각하게 받아들인다.

명확한 낙관주의

'명확한 낙관주의자'는 자신이 미래를 계획하고 더 나은 미래를 만들려고 노력한다면 지금보다 더 나은 미래가 올 거라고 생각한다. 17세기부터 1950년대와 1960년대까지 서구 세계를 이끌어온 것은 명확한 낙관주의자들이었다. 과학자, 기술자, 의사, 사업가들이 만들어낸 세상은 이전 사람들은 상상도 하지 못할 만큼 부유하고 건강하고 장수하는 세상이었다. 칼 마르크스와 프리드리히 엥겔스가 19세기의 사업가들에 관해 다음과 같이 간파했던 것처럼 말이다.

> (그들은) 이전의 모든 세대를 합한 것보다도
> 더 육중하고 거대한 생산력을 만들어냈다.
> 자연의 힘을 인간과 기계에게 복속시키고,
> 화학을 산업과 농업에 응용하고,
> 증기선, 철도, 전신,
> 대륙 하나를 통째로 일궈 경작하고, 강에 운하를 파고,
> 그 많은 인구가 마법처럼 생겨날 거라고,
> 이전 그 어느 시대가 감히 예상이나 했을까?
> 이만 한 생산력이 사회적 노동의 무릎 위에 잠자고 있을 거라고.

각 세대의 발명가와 선지자들은 언제나 이전 세대의 발명가와 선지자들을 능가했다. 1843년 런던의 시민들은 새로 판 터널을 통해 템스 강 아래를 지났다. 1869년 개통된 수에즈 운하는 유라시아의 화물선들이 희망봉을 우회하지 않아도 되도록 해주었고, 1914년 개통된 파나마 운하는 대서양에서 태평양으로 질러갈 수 있게 해주었다.

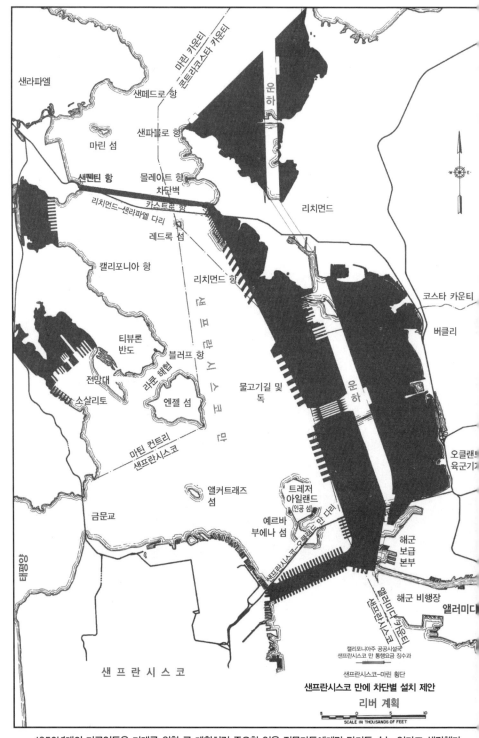

샌프란시스코 만에 차단별 설치 제안

리버 계획

1950년대의 미국인들은 미래를 위한 큰 계획처럼 중요한 일을 전문가들에게만 맡겨둘 수는 없다고 생각했다.

대공황조차 미국의 거침없는 진보를 늦출 수는 없었으며, 미국인들은 줄곧 전 세계에서 가장 멀리 내다보는 명확한 낙관주의자들이었다. 엠파이어스테이트 빌딩은 1929년에 착공해 1931년에 완공되었고, 금문교는 1933년에 착공해 1937년에 완성되었다. 맨해튼 계획은 1941년에 시작되었지만, 1945년에 벌써 세계 최초의 핵폭탄을 제조했다.

미국인들은 평상시에도 계속 세상의 얼굴을 바꿔놓았는데, 주간州間 고속도로 시스템은 1956년 공사를 시작해 1965년에 첫 3만 2,000킬로미터 구간을 개통했다. 명확한 계획의 범위는 지구라는 행성에 그치지 않았다. 나사NASA의 아폴로 계획은 1961년 시작되어 1972년에 끝날 때까지 12명의 인간을 달에 내려놓았다.

대담한 계획은 단순히 정치 지도자나 정부 소속 과학자들만의 전유물이 아니었다. 1940년대 말, 캘리포니아에 살던 존 리버John Reber는 샌프란시스코 만灣 지역 전체의 물리적 지형을 바꿀 계획을 세웠다. 존 리버는 학교 선생님이자 아마추어 연극 프로듀서이며, 독학으로 공부한 엔지니어였다. 그는 자격증이 없다는 사실에 위축되지 않고, 샌프란시스코 만에 두 개의 거대한 댐을 짓자고 공개적으로 제안했다. 거대한 담수호를 만들어서 식수와 관개에 이용하고, 2만 에이커의 땅을 개발하자는 주장이었다.

존 리버라는 인물이 어떤 권위 있는 자리에 있는 사람이 아니었음에도 불구하고 당시 사람들은 리버의 계획을 진지하게 받아들였다. 캘리포니아 전역의 신문사 편집국들이 리버의 계획을 지지했고, 미의회는 이 계획의 실현 가능성을 놓고 공청회를 열었다. 또 육군 공병단에서는 시뮬레이션을 해보려고 소살리토에 위치한 동굴 같은 창고에 1.5에이커 규모로 샌프란시스코 만 모형을 만들기까지 했다. 이런 테스트 결과 이 계획에는 기술적 결함이 있는 것으로 드러나 결국 계획은 시행되지 않았다.

하지만 오늘날이었다면 처음부터 이런 계획을 진지하게 받아들이기나 했을까? 1950년대의 사람들은 큰 계획을 기꺼이 환영했고, 정말로 효과가 있을지 의문을 품었다. 요즘 어느 학교 선생이 이렇게 장대한 계획을 내놓는다면 '별 웃기는 일'로 무시될 것이고, 혹시 그보다 힘 있는 자리에 있는 누군가가 장기적 비전을 제시한다면 오만하다는 비웃음을 사게 될 것이다. 아직도 소살리토에 있는 창고에 가면 샌프란시스코 만 모형을 볼 수 있지만, 지금은 그저 관광객들의 눈요깃감일 뿐이다. 미래를 내다보던 큰 계획은 이제 구시대의 호기심이 되었다.

불명확한 낙관주의

1970년대라는 비관적 시기를 잠깐 거쳐 1982년부터는 불명확한 낙관주의가 줄곧 미국인의 사고를 지배해왔다. 1982년부터 오랜 강세 시장이 시작되었고, 금융과 공학이 만나 미래가 성큼 다가오는 듯했다. 불명확한 낙관주의자는 미래가 현재보다 더 좋아지리라 생각하지만, 정확히 어떻게 더 좋아지는지는 모르기 때문에 그 어떤 구체적 계획도 세우지 않는다. 그들은 미래에 이윤을 창출할 수 있을 거라고 생각하지만 구체적으로 미래를 디자인할 필요성은 느끼지 못한다.

불명확한 낙관주의자는 다년간 노력해 새로운 제품을 만들어내기보다는 이미 고안되어 있는 제품들을 재조합한다. 은행가들은 기존 기업들의 자본 구조를 재구성해 돈을 번다. 변호사들은 해묵은 논란을 해결하거나 남들이 하는 일을 돕는다. 직접투자자와 경영 컨설턴트들은 새로운 사업을 시작하는 대신, 기존 사업의 프로세스를 끊임없이 최적화해 조금이라도 효율성을 더 높이고자 한다. 그러고 보면 늘 선택의 여지를 찾아다니는 우수한 성적의 아이비리그 출신들이 이들 분야에 비정상적으로 많이 모여드는 것도 놀랄 일은 아니다. 이력서에 써넣을 경력을 만드는 데만 20년을 바친 이들에게 엘리트처럼 보이지만 실은 프로세스를 따라가는, '선택을 유보'할 수 있게 해주는 이런 커리어보다 더 나은 보상이 뭐가 있겠는가?

요즘은 많은 부모들이 졸업생들에게 안정된 길을 가라고 격려한다. 베이비붐이라는 기이한 역사가 만들어낸 이 불명확한 낙관주의자 세대는 힘들이지 않는 진보에 너무나 익숙한 나머지 자신들에게는 그게 당연한 일이라고 생각한다. 1945년생이든, 1950년생이든, 1955년생이든 할 것 없이 베이비붐 세대라면 모두 만 18세가 될 때까지 세상은 해마다 나아지기만 했다. 그리고 그런 발전은 '그들 자신의 노력과는 아무 상관없이' 벌어진 일이었다. 기술적 발전은 저절로 가속화되는 것처럼 보였기 때문에 베이비붐 세대는 엄청난 기대를 갖고 성장했으나, 그 기술 발전을 어떻게 실현할지에 관한 구체적 계획은 없었다.

그러다가 1970년대에 기술 진보가 더뎌졌을 때, 대부분의 베이비 붐 세대 엘리트들을 구원해준 것은 소득 불평등의 심화였다. 부유하고 성공한 베이비붐 세대들은 어른이 되고 나서도 해마다 모든 것이 저절로 더 좋아지기만 했다. 나머지 베이비붐 세대는 뒤처졌지만, 오늘날 여론을 좌우하는 부유한 베이비붐 세대들은 자신들의 순진한 낙관주의를 의심해야 할 이유를 찾을 수가 없다. 뻔히 정해져 있는 커리어가 그들 자신에게는 효과가 있었기 때문에 그런 커리어가 자녀들에게는 효과가 없으리라는 것은 상상조차 하지 못한다.

말콤 글래드웰은 빌 게이츠를 제대로 이해하려면, 그의 운 좋은 개인적 환경도 이해해야 한다고 말했다. 빌 게이츠는 좋은 집안에서 자랐고, 컴퓨터 실습실이 있는 사립학교를 다녔고, 폴 앨런Paul Allen(마이크로소프트 공동 창업자)이 어릴 적 친구였다. 하지만 우리가 '말콤 글래드웰'을 제대로 이해하려면, 글래드웰이 베이비붐 세대(1963년생이다)라는 역사적 맥락을 이해해야 한다. 베이비붐 세대가 성공한 개인에 관한 책을 쓰면, 그들은 특정 개인의 환경이 갖는 힘이 우연에 의해 결정된다고 말한다.

하지만 이들은 자신들이 좋아하는 방식으로 성공을 설명하느라 더 큰 사회적 맥락을 보지 못한다. 베이비붐 세대 전체가 어릴 적부터 우연의 힘은 과대평가하고 계획의 중요성은 과소평가하도록 배웠다는 사실 말이다. 처음에 글래드웰은 '자수성가한 사업가'라는 대중들의 신화에 반론을 제기하려는 것처럼 보였다. 하지만 실제로 그의 설명은 한 세대의 전형적 시각을 요약해놓은 것일 뿐이다.

불명확하게 낙관적인 우리의 세계

불명확한 금융

명확하게 낙관적인 미래라면 공학자들이 수중 도시와 우주 정거장을 디자인해야 하겠지만, 불명확하게 낙관적인 미래라면 금융가와 변호사들이 더 많이 필요하다. 금융이야말로 불명확한 사고의 전형이다. 왜냐하면 어떻게 해야 부를 창출할 수 있는지 전혀 모를 때 유일하게 돈을 벌 수 있는 방법이 바로 금융이기 때문이다.

똑똑한 대학 졸업생들이 로스쿨을 가지 않으면 월스트리트로 향하는 이유도 커리어에 대한 제대로 된 계획이 없기 때문이다. 그렇게 골드만삭스Goldman Sachs에 들어가게 되면, 심지어 금융 '내부'에서도 모든 게 불명확하다는 사실을 발견하게 된다. 그래도 사람들은 여전히 낙관적이다. 돈을 잃을 거라고 생각하고 시장에 뛰어드는 사람은 없기 때문이다. 하지만 금융계 내부의 기본적 교리는 시장은 아무 원칙도 없이 움직인다는 것이다. 구체적이거나 실질적인 것은 아무것도 알 수가 없다. 그렇기 때문에 극도로 중요해지는 것이 '투자의 다각화'다.

금융이 불명확하면 이상한 일이 벌어질 수 있다. 성공한 사업가가 자기 회사를 팔았을 때 무슨 일이 벌어질지 한번 생각해보라. 창업자는 회사를 판 돈으로 무엇을 할까? 금융화된 세상이라면 다음과 같은 일이 벌어진다.

- 창업자는 그 돈으로 무엇을 할지 모르므로 그 돈을 대형 은행에 맡긴다.
- 은행가들은 그 돈으로 무엇을 할지 모르므로 기관 투자자로 구성된 포트폴리오를 구성해 여기저기에 투자를 다각화한다.
- 기관 투자자들은 자신들이 운영하는 돈으로 무엇을 할지 모르므로 주식으로 잔뜩 포트폴리오를 구성해 투자를 다각화한다.
- 기업들은 잉여 현금 흐름을 만들어서 주가를 올리려고 애쓴다. 그래서 주가가 오르면 배당을 하거나 주식을 되산다. 이런 순환 고리를 계속해서 되풀이한다.

이 순환 고리 속에 있는 누구도 그 돈으로 실물 경제에서 무엇을 해야 할지 모른다. 하지만 불명확한 세상에서 사람들은 무한정의 선택권을 '선호'한다. 이런 세상에서는 돈으로 할 수 있는 일보다 돈 자체가 더 가치 있다. 돈이 목표가 아니라 목표를 이루기 위한 수단이 되려면 미래가 명확해야 한다.

불명확한 정치

정치가들은 선거 기간에는 언제나 국민들에게 공식적으로 책임을 진다. 하지만 요즘 정치가들은 '그때그때' 국민들이 하는 생각에 자신을 맞춘다. 현대적인 여론조사 기술 덕분에 정치가들은 이미 형성된 여론에 정확히 맞춰서 자신의 이미지를 재단할 수 있게 되었고, 그래서 대부분이 실제로 그렇게 행동한다.

통계 전문가 네이트 실버Nate Silver의 선거 예측은 놀랄 만큼 정확하다. 하지만 더욱 놀라운 것은 4년마다 이 통계가 아주 큰 이야깃거리가 된다는 점이다. 지금 우리는 10년 혹은 20년 후에 이 나라가 어떤 모습일지 선견지명을 가지고 내다보는 예측이 아니라, 겨우 몇 주 후에 이 나라가 무슨 생각을 하고 있을지 예측해주는 통계에 더 열광한다.

선거 과정만 그런 것이 아니다. 정부의 성격 자체도 불명확해지고 있다. 원래 정부는 원자폭탄이나 달 탐험 계획과 같은 복잡한 문제도 해결해나갈 수 있었다. 하지만 40년간 별 발전 없이 불명확한 시절을 보내고 나니, 지금 정부가 내놓는 것은 대부분 보험이다. 큰 문제에 대한 우리의 해결책은 노인의료보험, 사회보장연금, 기타 이것저것 어지러운 이전지출(사회보장연금처럼 정부가 직접 세금을 지출해 경제주체의 소득을 만들어주는 것—옮긴이) 프로그램뿐이다. 이러니 1975년 이후 해마다 정부 예산에서 법정 지출이 재량 지출을 잠식해온 것도 놀랄 일이 아니다.

재량 지출을 늘리려면 특정 문제를 해결할 명확한 계획이 필요하다. 하지만 법정 지출의 불명확한 논리에 따르면, 사람들에게 돈을 더 나눠줘야 사정이 나아진다고 한다.

불명확한 철학

불명확한 태도로 옮겨가고 있는 것은 정치만이 아니다. 좌파와 우파 모두를 뒷받침해줘야 할 정치 철학자들 역시 태도가 '불명확' 쪽으로 옮겨가고 있다.

고대 세계의 철학자들은 비관적이었다. 플라톤, 아리스토텔레스, 에피쿠로스, 루크레티우스 등은 모두 인간의 잠재력에 엄격한 한계가 있다고 보았다. 따라서 유일하게 남는 질문은 어떻게 해야 우리의 비극적인 운명에 가장 잘 대처할 수 있는가 하는 점이었다.

반면에 현대 철학자들은 대부분 낙관적 입장을 취한다. 우파의 허버트 스펜서Herbert Spencer, 중도의 헤겔Hegel, 좌파의 마르크스에 이르기까지 19세기는 진보에 대한 믿음을 공유하고 있었다(자본주의의 기술적 승리에 관해 마르크스와 엥겔스가 어떤 찬사를 보냈는지 89쪽에서 본 것이 기억날 것이다). 이들 사상가들은 물질적 진보가 인간의 삶을 근본적으로 더 나은 방향으로 바꿔놓을 거라고 기대했다. 따라서 이들은 명확한 낙관주의자들이었다.

그러다가 20세기 말이 되자 불명확한 철학자들이 전면에 나서기 시작했다. 대표적인 두 정치 사상가 존 롤스John Rawls와 로버트 노직Robert Nozick은 첨예하게 서로 대립하는 것처럼 보인다. 평등주의적 좌파의 입장을 취하는 롤스는 공정과 분배의 문제를 걱정했다. 반면에 자유방임주의적 우파의 입장을 취하는 노직은 개인의 자유를 극대화하는 데 초점을 맞췄다. 하지만 두 사람 모두 사람들은 서로 평화적으로 잘 어울릴 수 있다고 믿었고, 그런 점에서 고대인들과는 달리 낙관적이었다. 그러나 스펜서나 마르크스와는 달리, 롤스와 노직은 '불명확한' 낙관주의자들이었다. 두 사람 모두 미래에 대한 구체적 비전은 전혀 없었다.

	명확	불명확
낙관적	헤겔, 마르크스	노직, 롤스
비관적	플라톤, 아리스토텔레스	에피쿠로스, 루크레티우스

두 사람 모두 불명확하기는 했지만, 형태는 서로 달랐다. 롤스는 '무지의 장막'이라는 그 유명한 어구로 《정의론》을 시작한다. 구체적으로 존재하는 세상의 모습을 이미 아는 사람이 공정한 정치적 추론을 한다는 것은 불가능하다면서 말이다. 한 명 한 명 고유함을 가진 사람들과 진짜 기술이 존재하는 실제 세상을 바꾸려 하는 대신, 롤스는 아주 공정한 대신 역동성은 거의 없는 '본질적으로 안정된' 사회를 상상했다.

반면 노직은 롤스의 '패턴화된' 정의의 개념에 반대했다. 노직은 자발적 변화는 무엇이든 허용되어야 한다고 보았고, 강압에 의해 유지되어야 할 만큼 고귀한 사회적 패턴은 없다고 보았다. 하지만 노직 역시 좋은 사회가 어떤 것인지에 관해서는 롤스보다 더 구체적인 아이디어는 없었다. 두 사람 모두 절차에 초점을 맞췄을 뿐이다.

　오늘날 우리는 좌파-진보적 평등주의와 자유방임적 개인주의가 서로 매우 다른 것처럼 과장해서 생각하는 경향이 있다. 대부분의 사람들이 앞선 두 사람의 불명확한 태도를 공유하고 있기 때문이다. 철학에서도, 정치에서도, 비즈니스에서도 이제는 절차에 대해 논쟁하느라 보다 나은 미래를 위한 구체적 계획을 세우는 일은 끝없이 뒤로 미뤄진다.

불명확한 삶

우리 조상들은 인간의 수명이 어떻게 결정되는지 알아내어 연장해보려고 애썼다. 16세기의 정복자들은 '젊음의 샘'을 찾아 플로리다의 정글을 헤매고 다녔고, 프랜시스 베이컨Francis Bacon은 '수명 연장'이 하나의 독자적인 의학 분야, 그것도 가장 고귀한 분야로 인정되어야 한다고 말했다.

　1660년대에 로버트 보일Robert Boyle은 유명한 그의 '과학의 미래를 위한 소원 목록'에서 생명 연장을 ('젊음의 회복'과 함께) 제일 위에 써 놓았다. 실제 땅을 헤매고 다니든, 실험실에서 연구를 하든, 르네상스 시대의 가장 똑똑한 사람들조차 죽음을 정복해야 할 대상으로 생각했다. (죽음에 반항하던 이들 중 일부는 그 와중에 죽음을 당하기도 했다. 베이컨은 1626년 폐렴에 걸려 사망했는데, 닭을 눈밭에 얼려두면 닭의 수명이 연장되는지를 실험하다가 벌어진 일이었다.)

생명의 비밀은 아직도 풀리지 않았다. 하지만 19세기의 보험회사들과 통계학자들은 죽음의 비밀을 밝혀내는 데 성공했고, 이 비밀이 지금까지도 우리의 사고를 지배하고 있다. 그들은 수명이 줄어드는 원인을 수학적 확률로 계산해냈다. '연령별 생명표'는 주어진 해에 우리가 사망할 확률이 얼마나 되는지를 알려준다. 이전 세대들은 알 수 없었던 부분이다. 하지만 보험 계약을 더 잘 체결하게 된 대신, 우리는 장수의 비결에 관한 연구는 이제 포기한 것 같다. 인간의 수명이 어느 범위에 걸쳐 있는지 체계적으로 알게 되자, 그 범위를 자연스러운 것으로 받아들이게 된 것이다. 오늘날 우리 사회에는 죽음은 피할 수 없으며, 제멋대로 일어나는 일이라는 생각이 깊이 침투해 있다.

한편 이제는 확률적 태도가 생물학 자체의 목표를 바꿔놓기 시작했다. 1928년 스코틀랜드의 과학자 알렉산더 플레밍Alexander Fleming은 깜박 잊고 뚜껑을 덮지 않았던 실험 접시에서 이상한 항균성 곰팡이가 자란 것을 발견했다. 우연히 페니실린을 발견한 것이다. 이때부터 과학자들은 우연의 힘을 활용할 방법을 찾아다녔다. 현대 약학은 플레밍의 우연한 발견을 가능하게 했던 환경을 100만 배로 확대하는 것이 목표다. 제약회사들은 무작위로 각종 분자화합물의 조합을 샅샅이 조사하면서 히트작이 발견되기를 기대하고 있다.

하지만 우연한 성공은 예전처럼 자주 일어나지 않고 있다. 지난 200년간 극적인 발전을 거듭했던 생명공학은 최근 몇십 년 사이에 투자자들(혹은 환자들)의 기대에 부응하지 못하고 있다. 무어의 법칙

Moore's law(18개월마다 반도체의 집적도가 2배씩 증가한다는 법칙―옮긴이)을 거꾸로 써놓은 '이룸의 법칙Eroom's law'은 1950년 이후 9년마다 연구 개발비용 10억 달러당 승인받는 신약의 수가 절반으로 줄고 있다고 지적한다. 같은 기간 동안 IT 기술은 그 어느 때보다 빠르게 가속화된 점을 생각할 때, 과연 생명공학에서도 같은 일이 일어날 수 있을지가 오늘날 큰 의문으로 남아 있다. 생명공학 스타트업과 컴퓨터 소프트웨어 스타트업을 비교해보자.

	생명공학 스타트업	소프트웨어 스타트업
연구 대상	통제가 불가능한 유기체	완벽하게 정해져 있는 코드
환경	이해도가 낮고 자연적이다.	이해도가 높고 인공적이다.
접근법	불명확하고 임의적	명확하고 조작적
규제	규제가 심하다.	기본적으로 규제가 없다.
비용	높다(신약 하나당 10억 달러 이상).	낮다(종잣돈 약간).
연구팀	고연봉의 실험실 농땡이들	사업가적 마인드의 열성적 해커들

생명공학 스타트업들은 극단적으로 불명확한 사고를 하는 경우다. 연구진들은 인체가 어떤 원리로 작동하는지에 관한 명확한 이론을 바탕으로 개선하는 것이 아니라 혹시나 효과가 있을까 싶은 것들을 가지고 실험을 진행한다.

생물학자들은 기본이 되는 생물학이 어렵기 때문에 그런 식으로 일을 할 수밖에 없다고 말한다. 그러면서 IT 신생기업이 더 잘 성공하는 이유는, 컴퓨터는 우리가 만들어낸 물건이어서 우리의 명령을 안정적으로 따르도록 디자인되어 있기 때문이라고 말한다. 반면에 생명공학이 어려운 것은, 신체는 우리가 디자인한 것이 아니고, 알면 알수록 더 복잡하기 때문이라는 것이다.

하지만 의문스러운 부분은 생물학 자체가 정말로 어렵다고 해서 지금 대부분의 생명공학 스타트업들이 비즈니스에 대해 그렇게 불명확한 태도로 접근하는 것을 변명할 수 있느냐 하는 문제다. 이들 사업에 참여하는 사람들은 대부분 '결국에는 뭔가 성공하겠지' 라는 기대는 갖고 있으면서도, 정작 성공하는 데 필요한 정도의 열의로 특정 회사에 헌신하고 싶어 하는 사람은 거의 없다. 이런 회사는 교수들을 정직원도 아니고 파트타임 자문으로 고용하면서 사업을 시작하는 경우가 많다. 자체 연구를 바탕으로 회사를 차리는 경우조차 말이다. 하지만 그렇게 되면 회사의 다른 사람들 역시 이들 교수의 불명확한 태도를 흉내 내게 된다.

자유방임주의자들은 규제가 심해서 생명공학의 발목을 잡고 있다고 말하지만(실제로 그런 면도 있다), 생명공학의 미래에 더 큰 장애가 되는 것은 불명확한 낙관주의일지도 모른다.

불명확한 낙관주의라는 것이 가능하기는 할까

불명확하게 낙관적으로 내린 의사 결정들은 결국 어떤 미래를 불러

오게 될까? 미국의 가계들이 저축을 하고 있다면, 적어도 나중에 쓸 돈이 있을 거라는 예측은 가능할 것이다. 또 미국의 회사들이 투자를 하고 있다면, 미래에 새로운 부를 수확할 거라는 예상은 할 수 있을 것이다. 그러나 미국의 가계들은 거의 아무것도 저축하지 않는다. 또한 미국의 회사들은 재무상태표(대차대조표)에 현금을 쌓아만 둘 뿐, 새로운 프로젝트에 투자하지 않는다. 미래에 대한 구체적 계획이 없기 때문이다.

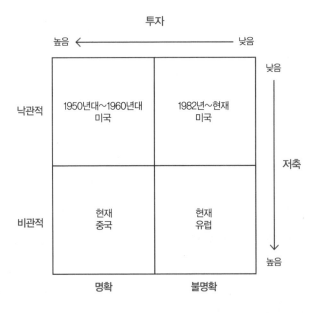

미래에 대한 나머지 세 가지 시각은 나름의 기능을 할 수도 있다. 명확한 낙관주의는 마음에 그리고 있는 미래를 만들어나갈 때 효과

를 발휘한다. 명확한 비관주의는 아무것도 새로운 것을 기대하지 않고 그저 베낄 수 있는 것들만 만든다면 효과가 있을 것이다. 불명확한 비관주의는 자기 충족적이다. 기대치도 낮고 노력도 하지 않는다면 기대했던 그대로의 미래를 만나게 될 테니 말이다. 하지만 불명확한 낙관주의는 태생부터가 유지될 수 없는 시각으로 보인다. 아무도 미래에 대한 계획을 세우지 않는데, 무슨 수로 미래가 더 나아질 수 있단 말인가?

사실 현대사회에서 대부분의 사람들은 이 질문에 대한 답을 이미 한번쯤은 들어보았다. 계획 없는 진보를 우리는 '진화evolution'라고 부르기 때문이다. 다윈도 그렇게 말했다. 생명체는 아무도 의도하지 않아도 '진보progress' 하는 경향이 있다고. 살아 있는 모든 것은 다른 어떤 유기체의 무작위적 재현이며, 그 재현을 가장 잘 해낸 개체가 승리한다고 한다.

다윈의 이론은 삼엽충이나 공룡의 기원은 설명해줄 수 있을지 모르지만, 그와는 매우 동떨어진 영역까지도 그의 이론이 적용될 수 있을까? 뉴턴의 물리학이 블랙홀이나 빅뱅을 설명할 수 없는 것처럼, 다윈의 생물학이 더 나은 사회를 만드는 방법이나 세상에 없던 새로운 비즈니스를 창조하는 방법을 알려줄 수 있을지는 의문이다. 그럼에도 불구하고 최근 비즈니스에서는 다윈(혹은 사이비 다윈)에 비유하는 일이 일반화되고 있다. 저널리스트들은 경쟁적 생태계 내에서의 생존을 경쟁 시장에서의 기업의 생존에 비유한다. 이러다 보니 경제 신문마다 제목에 '디지털 다윈주의', '닷컴 다윈주의', '클릭을 가장 많이 받아야 생존'과 같은 문구들이 등장한다.

공학을 지향하는 실리콘밸리에서조차 요즘 가장 유행하는 말은 끊임없이 변화하는 환경에 '적응'하고 '진화'할 수 있도록 '린 스타트업lean startup'(에릭 리스Eric Ries가 제안한 신규 상품 개발에 관한 방법론. 소위 최소기능제품Minimum Viable Product, MVP이라고 하는, 투자를 가능한 적게 한 신개념 상품을 먼저 출시해 시장의 반응을 살핀 후 차츰 규모를 넓혀가는 방식으로 초기 실패 위험을 최소화하라는 이론—옮긴이)을 하라는 것이다. 기업가가 될 사람들에게는 아무것도 미리 알 수는 없다고 말한다. 소비자들이 무엇을 원하는지 들어야 하고, '최소기능제품'을 만든 다음 성공한 기업들을 그대로 따라가라고 한다.

하지만 '린 스타트업'은 방법론일 뿐 목표가 아니다. 기존에 있는 물건에 작은 변화를 주는 것으로는 지역 시장에서 최고가 될 수 있을지는 몰라도 세계 최고가 될 수는 없다. 아이폰으로 화장지를 주문할 수 있는 애플리케이션 중에서 최고로 괜찮은 것을 만들 수는 있을 것이다. 하지만 대담한 계획 없이 재현만 해서는 결코 0에서 1이 될 수 없다. 불명확한 낙관주의자에게 회사란 정말 이상한 곳이다. 회사를 성공시킬 계획도 없으면서 왜 회사가 성공할 거라고 기대하는가? 다원주의는 다른 곳에서라면 훌륭한 이론일지 모르지만, 신생기업 세계에서 최고의 이론은 '똑똑한 디자인(계획)'이다.

디자인의 귀환

우연보다 디자인을 중요시한다면 무슨 뜻일까? 오늘날 '좋은 디자인'은 미적으로 반드시 필요한 사항이다. 게으름뱅이든 정신없이 바쁜 전문직이든 외모만큼은 잘 가꾼다. 위대한 기업가는 모두 위대한 디자이너들이다. 아이폰이나 맥북을 가진 사람이라면 시각적, 경험적 완벽함에 집착했던 스티브 잡스가 무엇을 만들어냈는지 느껴봤을 것이다. 하지만 잡스로부터 배워야 할 가장 중요한 교훈은 미학적인 면과는 무관하다. 잡스가 디자인한 가장 위대한 작품은 그의 사업이었다. 애플은 새로운 제품을 만들고, 그 제품을 효과적으로 유통시키기 위한 명확한 장기적 계획을 상상하고 실행했다. '최소기능제품' 따위는 안중에도 없었다. 1976년 애플을 창업한 이래 잡스는 줄곧 꼼꼼한 계획을 통해 세상을 바꿀 수 있다고 생각했다. 포커스 그룹focus group(시장 조사를 할 때 주로 심층면접을 실시하는 표적이 되는 소비자들—옮긴이)의 말을 듣거나 다른 사람의 성공을 모방할 생각은 없었다.

우리는 불명확한 단기적 세상에 살다 보니 장기 계획은 저평가되는 경우가 많다. 2001년 10월, 1세대 아이팟이 공개되었을 때 업계의 애널리스트들은 나머지 세상에 '아무런 변화를 일으키지 못할' '매킨토시 이용자들에게나 쓸 만한 제품' 정도라고 생각했다. 잡스는 아이팟을 PC 이후의 새로운 이동식 기기의 효시로 기획했지만, 대부분의 사람들 눈에는 이런 비밀은 보이지 않았다. 애플의 주가 변동 차트를 본다면, 이런 장기적 계획이 어떤 수확을 거뒀는지 알 수 있을 것이다.

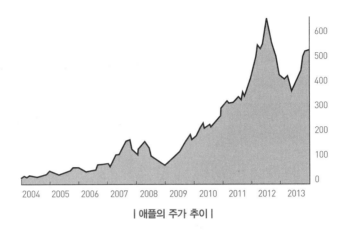

| 애플의 주가 추이 |

　바로 이런 계획의 힘 때문에 비공개 기업의 가치를 평가하는 일은
매우 어려워진다. 대형 회사가 성공한 스타트업을 인수하려고 가격
을 제시할 때 항상 너무 큰 금액을 부르거나 너무 작은 금액을 부르게
되는 것은 이 때문이다. 창업자는 회사에 대해 더 이상 구체적인 비
전이 그려지지 않을 때 오직 그때만 회사를 파는데, 이 경우 인수 회
사는 너무 큰 금액을 지불한 것이 된다. 명확하게 대담한 계획을 가
진 창업자는 회사를 팔지 않는다. 이 경우는 제시 금액이 충분히 크
지 않은 셈이 된다.

　2006년 7월, 야후가 페이스북을 10억 달러에 사겠다고 제안했을
때 나는 우리가 적어도 고려는 해봐야 한다고 생각했다. 하지만 이사
회실로 걸어 들어온 마크 저커버그는 이렇게 선언했다. "자, 여러분.
오늘 회의는 그냥 형식적인 거예요. 10분도 걸리지 않을 겁니다. 여기서 팔 수는 없죠." 마크는 자신의 회사를 어디까지 발전시킬 수 있는지 알고 있었고, 야후는 그렇지가 못했다. 미래가 제멋대로 펼쳐질 거라고 보는 사람들의 세상에서는 훌륭하고 명확한 계획을 가진 회사가 언제나 과소평가될 수밖에 없다.

운에 기대지 말라

우리는 명확한 미래로 되돌아갈 수 있는 길을 찾아야 한다. 그러려면 서구 세계는 문화를 혁신하는 방법밖에 없다.

그 시작은 어디일까? 철학에서는 존 롤스가 대체되어야 할 것이다. 누가 말콤 글래드웰을 설득해서 그의 이론을 바꿔놓아야 할 것이다. 정치계에 여론 조사원들이 돌아다니지 않아야 할 것이다. 하지만 철학 교수들과 세상의 많은 글래드웰들은 정치가들에 대해서는 아무 말도 하지 않기로 입장을 확고히 정한 듯하다. 사람이 너무 많은 분야에서는 변화를 만들어내기가 극도로 어렵다. 아무리 머리가 좋고 훌륭한 의도를 가졌다고 하더라도 말이다.

신생기업을 성공시키려면 그 무엇보다 큰 노력이 필요하지만 그 노력은 완벽하게 우리 손 안에 쥐어져 있다. 기업을 세우는 일은 당신 자신의 삶뿐만 아니라 작지만 중요한, 세상의 일부에 영향을 미칠 수 있는 매개체를 만드는 일이다. 그러려면 먼저 우연이라는 불공평한 폭군부터 거부해야 한다. 우리는 복권이 아니지 않은가.

7

돈의
흐름을 좇아라

돈이 돈을 낳는다. "무릇 있는 자는 받아 풍족하게 되고, 없는 자는 그 있는 것까지 빼앗기리라."(마태복음 25장 29절) 앨버트 아인슈타인 Albert Einstein도 똑같은 사실을 발견하고는 복리 이자를 '세계 8대 불가사의', '역사상 가장 위대한 수학적 발견' 또는 '우주에서 가장 강력한 힘'이라고 했다. 어떤 표현이 가장 마음에 들든, 이런 말들이 주는 메시지만큼은 분명하다. '기하급수적 성장을 절대로 과소평가하지 마라.'

사실 아인슈타인이 실제로 이런 말을 했다는 증거는 없다. 모두 출처 불명의 인용들일 뿐이다. 그러나 이렇게 잘못 인용되고 있다는 사실 자체도 이 메시지의 의미를 더욱 강조해준다. 하나의 근사한 원칙에 투자해놓고 나니, 아인슈타인은 무덤에서도 계속 자신이 얘기한 적도 없는 말들에 대해서까지 이자를 붙여 칭송받고 있지 않은가.

대부분의 사람들이 한 말은 잊힌다. 아인슈타인이나 셰익스피어처럼 선택받은 소수 사람들의 말만이 끊임없이 인용될 뿐이다. 놀랄 일은 아니다. 소수의 사람들이 그에 걸맞지 않게 큰 결과를 달성하는 일은 비일비재하니까.

1906년에 경제학자 빌프레도 파레토Vilfredo Pareto는 나중에 '파레토의 법칙' 혹은 '80-20의 법칙'을 발견했다. 파레토는 20퍼센트의 사람들이 이탈리아 땅의 80퍼센트를 소유하고 있음을 알아챘다. 그리고 이는 그의 정원에 있는 20퍼센트의 완두 꼬투리가 80퍼센트의 콩을 생산하는 것처럼 자연스러운 현상이었다. 얼마 안 되는 소수가 다른 경쟁자들을 압도적으로 능가하는 이 엄연한 패턴은 자연 상태와 사회 상태를 가릴 것 없이 우리 주변 어디에서나 볼 수 있다. 예를 들면 가장 파괴적인 지진은 작은 지진들을 모두 합친 것보다 몇 배나 더 강력한 힘을 발휘한다. 대도시들은 작은 마을을 모두 모아놓은 것보다도 훨씬 크다. 그리고 독점기업은 무차별한 수백만의 경쟁자들보다 더 많은 가치를 차지한다.

아인슈타인이 뭐라고 했건, 혹은 안 했건 거듭제곱법칙power law (이런 이름이 붙은 이유는 지수 방정식이 심하게 불평등한 분포를 나타내기 때문이다)은 우주의 법칙이다. 우리 주변은 전적으로 이 법칙에 따라 만들어져 있기 때문에 우리는 미처 그렇다는 사실조차 눈치채지 못하고 있다.

이번 장에서는 돈을 좇으면 어떻게 거듭제곱법칙이 눈에 보이게 되는지 알아볼 것이다. 벤처캐피털의 투자자들은 초기 단계의 회사에 투자해 기하급수적인 성장을 통한 이윤을 수확하려고 한다. 하지만 결국은 투자한 회사들 중에서 소수의 몇몇 회사가 나머지 모두를 합친 것보다 훨씬 더 큰 가치를 띠게 된다. 대부분의 회사는 벤처캐피털과 거래할 일이 없다. 하지만 벤처캐피털의 투자자들조차 기를 쓰고 이해하고 싶어 하는 한 가지 사실만큼은 누구나 알아둘 필요가 있다. 바로 우리가 정상적인 세상이 아니라 거듭제곱법칙이 적용되는 세상에 살고 있다는 점이다.

벤처캐피털의 거듭제곱법칙

벤처캐피털은 초기 단계에 있는 유망한 회사들을 발굴해 자금을 제공하고 이윤을 얻는 것을 목표로 한다. 기관이나 부유한 개인들로부터 자금을 모집해 펀드를 구성한 다음, 가치가 높아질 것으로 판단되는 기술 기업에 투자하는 것이다. 처음의 판단이 옳았던 것으로 판명되면 벤처캐피털은 수익의 일부를 가져가는데, 그 비율은 20퍼센트가 통상적이다. 벤처캐피털이 돈을 벌게 되는 것은 자신들의 포트폴리오에 있는 기업의 가치가 높아졌거나 혹은 상장이 되거나 아니면 더 큰 회사에 인수될 때다. 벤처 펀드는 보통 10년 정도의 기간 동안 운용된다. 성공적인 기업이 '발을 뺄 단계'까지 성장하려면 시간이 걸리기 때문이다.

하지만 벤처캐피털의 지원을 받은 회사들은 대부분이 상장되지도, 인수되지도 못한다. 대부분이 실패하는데, 그것도 보통 출범한 지 얼마 안 되어 실패한다. 이런 조기 실패 사례 때문에 벤처 펀드는 처음에는 손실을 기록하는 것이 보통이다. 벤처캐피털들은 포트폴리오에 있는 성공적인 기업들이 기하급수적 성장을 시작하고 몸집을 불려가면서 펀드의 가치가 몇년 내에 급격히 상승해 손익분기점을 넘기고 큰 이익을 기록하게 되기를 바란다.

하지만 가장 궁금한 것은 이런 도약이 시작되는 시점이 과연 언제인가 하는 점이다. 대부분의 펀드에게 그 시점은 영영 오지 않는다. 대부분의 스타트업은 실패하며, 그와 함께 대부분의 벤처 펀드도 실패한다.

벤처캐피털의 운영자라면 누구나 향후에 성공할 기업을 찾아내는 것이 자신의 임무임을 잘 알고 있다. 하지만 노련한 투자자들조차 왜 이런 현상이 생기는지는 피상적으로밖에 이해하지 못한다. 기

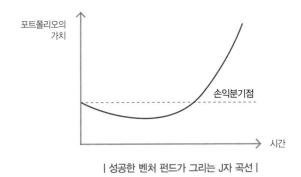

| 성공한 벤처 펀드가 그리는 J자 곡선 |

업들이 서로 다르다는 것은 알지만, 과연 얼마나 다른지는 모르기 때문이다.

오류가 발생하는 지점은 벤처기업의 수익이 정규분포를 따를 거라고 기대하는 데 있다. 다시 말해 형편없는 회사는 실패하고, 보통인 회사는 평범한 수익을 내고, 훌륭한 회사는 2배 혹은 4배까지의 수익을 낼 거라고 예상하는 것이다. 이렇게 단조로운 패턴을 생각하는 투자자들은 다각화된 포트폴리오를 구성한 다음, 성공작의 수익이 실패작의 손실을 상쇄해주기를 바란다.

그러나 이렇게 '분산시켜놓고 기도하는' 식의 접근법은 보통 실패작만 가득 모아놓은 포트폴리오를 구성하게 되기 십상이다. 히트작은 하나도 없는 것이다. 이렇게 되는 이유는 벤처기업의 수익이 전체적으로 정규분포를 따르지 않기 때문이다. 벤처기업의 수익은 오히려 거듭제곱법칙을 따른다. 몇 안 되는 소수의 기업이 나머지 모두를 합한 것보다 월등한 실적을 내는 것이다. 정말 얼마 안 되는,

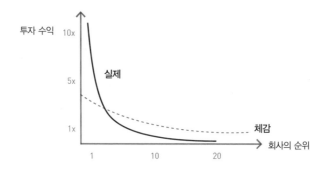

압도적으로 큰 가치를 갖게 될 소수의 회사를 일념으로 좇는 대신 다각화에 초점을 맞춘다면 그런 희귀한 회사는 처음부터 놓쳐버리게 된다.

상대적으로 균일한 우리의 체감 수익과 엄연한 현실의 수익이 어떻게 다른지 그래프를 잘 살펴보기 바란다.

파운더스펀드Founders Fund(저자가 속한 벤처캐피털 회사—옮긴이)에서 우리가 얻은 결과 역시 이런 편향된 패턴을 보여주었다. 2005년 결성된 우리 펀드가 가장 잘한 투자라고 할 수 있는 페이스북의 수익은 나머지 모두를 합친 것보다 많았다. 두 번째로 잘한 투자인 팰런티어의 수익은 페이스북을 제외한 나머지 모든 투자를 합친 것보다 더 클 것으로 예상된다. 이렇게 아주 심한 편차를 보이는 패턴은 전혀 특이한 것이 아니다. 우리 회사의 다른 모든 펀드에서도 똑같은 패턴이 나타나기 때문이다. '벤처캐피털계의 가장 큰 비밀은, 성공한 펀드는 가장 잘한 투자가 나머지 모두를 합친 것과 같거나 그보다도 더 큰 수익을 낸다는 점이다.'

이렇게 되면 벤처캐피털은 아주 이상한 두 가지 원칙을 따라야 한다. 첫째, 잠재적으로 펀드 전체의 가치에 맞먹는 수익을 올릴 가능성이 있는 회사에만 투자하라. 이것은 굉장히 무서운 원칙이다. 이렇게 되면 투자 가능한 기업의 대부분을 제거해야 한다. (꽤 성공하는 회사들조차 통상 이보다는 적은 규모의 성공을 거둔다.) 이렇게 되면 두 번째 원칙이 저절로 따라온다. '첫 번째 원칙 때문에 제약이 너무 많이 생기므로 다른 원칙은 있을 수 없다.'

첫 번째 규칙을 깼을 때 무슨 일이 벌어지는지 상상해보라. 벤처 캐피털인 앤드리슨 호로위츠Andreessen Horowitz는 2010년에 인스타그램에 25만 달러를 투자했다. 겨우 2년 후 페이스북이 인스타그램을 10억 달러에 인수했고, 앤드리슨은 7,800만 달러의 순이익을 거뒀다. 2년도 안 되는 기간 동안 312배의 수익을 올린 것이다. 실리콘밸리 최고의 벤처캐피털 회사라는 명성에 걸맞은 어마어마한 수익이었다.

그러나 이상한 얘기지만, 이것도 그들로서는 결코 충분한 수익은 아니었다. 왜냐하면 앤드리슨 호로위츠는 15억 달러의 자금을 가진 펀드이기 때문이다. 그런데도 인스타그램에 겨우 25만 달러짜리 수표를 끊어줬다면, 앤드리슨은 인스타그램 같은 회사를 19개는 더 찾아내야 겨우 손익분기점에 이른다는 뜻이 된다. 투자할 만한 가치가 있는 회사라면 투자자들이 보통 훨씬 더 큰 금액을 투자하는 이유는 바로 여기에 있다. (실제로 앤드리슨은 먼저 했던 투자로 인한 충돌만 아니었다면 인스타그램의 추가자금 모집 때 돈을 더 투자했을 것이다.) 벤처캐피털이라면 성공적으로 0에서 1이 될 수 있는 몇 안 되는 회사를 찾아내어 모든 자원을 동원해 아낌없이 지원해야 한다.

물론 어느 회사가 성공할지 '미리' 정확히 알 수 있는 사람은 아무도 없다. 따라서 최고의 벤처캐피털조차 '포트폴리오'를 가지고 있다. 하지만 훌륭한 벤처 포트폴리오라면 그 안에 포함된 모든 회사가 각각 어마어마한 규모의 성공을 거둘 수 있는 잠재력을 갖고 있어야 한다. 파운더스펀드에서는 펀드에 포함된 5개에서 7개 정도의 회사에 초점을 맞췄는데, 이들 회사는 탄탄한 기본요소로 판단했을 때 각각 모두가 수십억 달러짜리 회사가 될 수 있겠다고 판단된 곳들이었다.

'기업의 본질'에 초점을 맞추는 것이 아니라 '다각화된 위험분산 전략에 적합한 회사인가'라는 금융 질문으로 넘어가는 순간, 벤처 투자는 복권을 사는 것과 비슷한 모양새가 되고 만다. 스스로 복권에 응모했다고 생각하는 사람은 이미 실패할 것에 대비해 심리적 준비를 하고 있는 것밖에 되지 않는다.

사람들은 왜 거듭제곱법칙을 보지 못할까

다른 사람도 아니고, 전문적인 벤처캐피털에서 일하는 사람들이 왜 거듭제곱법칙을 보지 못하는 걸까? 그 이유 중 하나는 이런 것이다. 거듭제곱법칙은 시간이 지난 후에야 명백하게 드러나는 특성이 있는데, 정작 우리는 기술 기업에 투자하는 전문가들조차 현재를 살고 있는 경우가 너무 많기 때문이다.

만약에 어느 회사가 독점이 될 잠재력을 지닌 기업 10곳에 투자한다고 상상해보자(이것만 해도 이미 통상적인 원칙에서 벗어난 포트폴리오다). 해당 기업들은 기하급수적 성장을 시작하기 전, 초기 단계에서는 서로 아주 비슷해 보일 것이다.

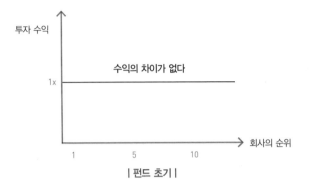

| 펀드 초기 |

이후 몇 년이 지나면 10개 중 몇 개는 실패하고, 나머지는 성공하기 시작할 것이다. 기업 가치는 제각각이겠지만, 기하급수적으로 성장할지, 선형적으로 성장할지는 아직 잘 알 수가 없다.

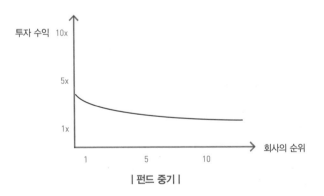

| 펀드 중기 |

그러나 10년이 지나면 포트폴리오는 더 이상 성공작과 실패작으로 나눠지는 것이 아니다. 포트폴리오는 이제 압도적인 투자처 한 곳과

나머지 전부로 나눠진다.

하지만 문제는 거듭제곱법칙에서 최종 결과가 아무리 극명하게 나뉜다고 하더라도 그것이 매일매일의 경험을 반영하지는 않는다는 사실이다. 투자자들은 새로운 투자를 결정하고 초기 단계의 회사들을 돌보며 대부분의 시간을 보내기 때문에 대부분의 회사가 그냥 보통의 회사처럼 보인다.

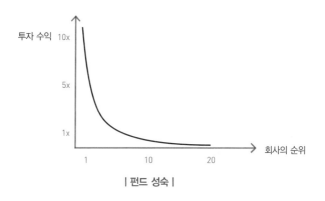

| 펀드 성숙 |

투자자나 기업가들이 실제로 매일매일 체감하는 것은 압도적 성공과 완전한 실패 사이의 극명한 대비가 아니라, 이 회사는 좀 더 성공하고 저 회사는 좀 덜 성공했다는 정도의 상대적 차이일 뿐이다. 그리고 사람의 마음이라는 것이 자기가 투자한 곳을 포기하고 싶은 사람은 아무도 없기 때문에 벤처캐피털의 전문가들은 통상 가장 뚜렷하게 성공한 회사에서 시간을 보내기보다는 오히려 가장 문제가 많은 회사에서 더 많은 시간을 보내는 경우가 많다.

기하급수적으로 성장하는 스타트업에 투자하는 것을 전문으로 하는 벤처캐피털들조차 거듭제곱법칙을 보지 못하는데, 대부분의 일반인들이 이 법칙을 보지 못하는 것은 전혀 놀랄 일이 아니다. 거듭제곱법칙은 너무 크게 작용하고 있기 때문에 뻔히 보이는 곳에 있어도 보이지가 않는다. 한 예로 실리콘밸리 밖에 있는 대부분의 사람들은 벤처캐피털이 ABC 방송의 〈샤크 탱크shark tank〉(일반인들이 사업 아이템을 가지고 나와 발표한 뒤 즉석에서 투자를 받는 유명 TV 프로그램—옮긴이)에 나오는 것처럼 괴상한 몇몇 사람들일 거라고 생각할 수도 있다. 무엇보다 매년 미국에서 출범하는 신생기업 중 벤처캐피털의 자금 지원을 받는 회사는 1퍼센트도 되지 않고, 벤처캐피털의 투자금을 합쳐봐야 미국 GDP의 0.2퍼센트 미만이기 때문이다.

하지만 이들의 투자 성과는 미국 경제 전체를 견인하는 데 아주 큰 몫을 차지한다. 벤처캐피털의 자금 지원을 받는 회사들은 전체 민간 부문 고용의 11퍼센트를 창출하고, 미국 GDP의 21퍼센트에 맞먹는 어마어마한 연매출을 올린다. 실제로 기술 기업 중 가장 큰 12개사가 벤처캐피털의 자금 지원을 받은 회사들이었다. 이 12군데 회사의 평가액을 합치면 2조 달러가 넘고, '이는 다른 모든 기술 기업의 가치를 합친 것보다 더 큰 금액이다.'

거듭제곱법칙을 어떻게 활용할 것인가

거듭제곱법칙은 비단 투자자들에게만 중요한 것이 아니라 누구에게
나 중요하다. 왜냐하면 누구나가 실상은 투자자이기 때문이다. 기업
가는 신생기업에 자신의 시간을 바치는 것만 해도 이미 엄청난 투자
를 하고 있는 것이다. 그러므로 모든 기업가는 자신의 회사가 성공해
가치 있는 회사가 될 것인지 고민해봐야 한다. 일반인들 역시 모두
어쩔 수 없는 투자자이긴 마찬가지인데, 누구나 자신의 커리어를 선
택할 때는 그 커리어가 앞으로 수십 년 후에도 가치 있는 직업일 것이
라는 믿음을 갖고 선택하기 때문이다.

　미래 가치를 높이는 법에 관해 가장 흔히들 내놓는 대답은 다각화
된 포트폴리오다. '계란을 한 바구니에 담지 말라' 라는 얘기는 누구
나 들어봤을 것이다. 앞에서 말했듯이 최고의 벤처 투자자들조차 포
트폴리오는 가지고 있다. 하지만 거듭제곱법칙을 이해하는 투자자들
은 될 수 있는 한 적은 곳에 투자하려고 애를 쓴다. 반면에 상식적으
로 생각하는 일반인들이나 관행적 투자를 일삼는 금융권에서 포트폴
리오를 짤 때는 다각화된 투자가 힘의 원천인 것처럼 생각한다. 여기
저기 작게 투자할수록 미래의 불확실성에 더 잘 대비한 것으로 여기
는 것이다.

　그러나 인생은 포트폴리오가 아니다. 이런 사실은 신생기업의 창
업자에게도, 그 어느 일반인에게도 마찬가지다. 기업가가 스스로를
'다각화' 할 방법은 없다. 동시에 수십 개의 회사를 경영하면서 그 중

하나가 성공하기를 바랄 수는 없다는 얘기다. 마찬가지로 일반인들 역시 만약을 대비해 수십 개의 커리어를 쌓아놓고 자신의 삶을 다각화할 수는 없다.

그런데 학교에서는 이와는 정반대되는 교육을 실시한다. 제도권 교육은 획일화된 일반적 지식을 퍼 나르느라 바쁘다. 미국에서 학교 교육을 받은 사람이라면 누구나 거듭제곱법칙대로 생각하지 '않도록' 배운다. 모든 고등학교의 수업은 어떤 과목이든 45분간 진행되고, 모든 학생들은 비슷한 속도로 진도를 나간다. 모범적인 대학생들은 미래의 위험을 회피하는 데 집착한 나머지 별로 중요하지 않은, 듣도 보도 못한 각종 능력들을 수집하듯이 익히고 있다. 대학들은 모두 '우수'라는 말을 신봉한다. 임의로 나눠진 학과에 따라 100페이지는 족히 되는, 알파벳순으로 된 '개설 과목 안내서'를 마련해두는 이유는 '무엇을 하든지 잘하기만 하면 돼'라고 학생들을 안심시켜주려는 의도로 보인다.

하지만 이런 사고는 완전히 잘못된 생각이다. '무엇을 하는지'가 중요하다. 우리는 한눈 팔지 않고 오로지 '잘하는 것'에 집중해야 한다. 다만 그전에 반드시 그 일이 미래에 가치 있는 일이 될 것인지를 먼저 치열하게 고민해봐야 한다.

스타트업의 세계에서 이는 곧 아무리 뛰어난 재능을 가진 사람이라도 꼭 자기 회사를 차릴 필요는 없다는 말이 된다. 요즘은 오히려 너무 많은 사람이 회사를 차리는 게 문제다. 거듭제곱법칙을 이해하는 사람이라면 새로운 벤처의 설립에 관해 남들보다 더 많이 망설일 것이다. 빠르게 성장하고 있는 최고의 회사에 합류하면 얼마나 크게 성공할 수 있는지 알고 있기 때문이다. 거듭제곱법칙은 또한 회사들 '사이의' 차이가 회사 '내부'의 차이보다 훨씬 더 크다는 것을 의미한다. 순전히 자기 돈으로 자신의 벤처를 차린다면 지분의 100퍼센트를 가질 수는 있겠지만, 실패할 경우는 100퍼센트의 실패가 된다. 반면에 구글을 0.01퍼센트만 소유하고 있어도 그 가치는 어마어마하다(이 글을 쓰고 있는 현재 기준으로 3,500만 달러 이상이다).

정말로 자기 회사를 차린다면, 그때는 회사의 운영 과정에서 거듭제곱법칙을 반드시 기억해야 한다. 가장 중요한 것들은 오직 하나씩뿐이다. 5장에서 봤던 것처럼 '하나의 시장이 다른 모든 시장보다 더 나을 것이다.' 보통 하나의 유통 전략은 다른 모든 유통 전략을 압도한다(이 부분은 11장 참조). 시간도, 의사결정도 모두 거듭제곱법칙을 따른다. 따라서 어느 한순간은 다른 모든 순간보다 중요하다(9장 참조).

그러나 정확한 의사 결정을 방해하는, 거듭제곱법칙을 부정하는 세상은 신뢰해서는 안 된다. 가장 중요한 것들은 눈에 띄는 경우가 거의 없고, 심지어 숨어 있기까지 하기 때문이다. 반면에 거듭제곱법칙을 따르는 세상이라면, 당신이 내린 결정이 앞으로 그래프 상의 어느 점을 이루게 될지 치열하게 고민해야만 한다.

8
발견하지 못한
비밀

지금은 아무리 유명하고 친숙한 아이디어라고 해도 한때는 알려지지 않고 예상치 못한 아이디어였던 적이 있다. 예를 하나 들어보자. 삼각형의 각 변의 관계는 피타고라스가 고심 끝에 그 비밀을 알아낼 때까지 수백만 년간 숨겨진 비밀이었다. 만약 피타고라스의 이 새로운 발견에 한몫 끼고 싶은 사람이 있었다면, 피타고라스가 운영했던 이상한 채식주의 집단(피타고라스가 세운 학교는 채식주의를 실천했다—옮긴이)에 들어가는 것이 최선의 방법이었을 것이다. 오늘날 피타고라스 기하학은 초등학생들에게도 가르치는 일반적 통념이 되었다. 관습과 통념도 중요할 수 있다(예를 들면 기초 수학을 배우는 것은 매우 중요한 일이다). 하지만 보편적 관습만으로는 남들보다 우위에 설 수 없다. 관습은 '숨겨진' 비밀이 아니기 때문이다.

앞서 얘기한 통념과 반대되는 생각에 관한 질문을 기억할 것이다. '정말 중요한 진실인데 남들이 당신한테 동의해주지 않는 것은 무엇인가?'

우리가 이미 자연 세계에 관해 알아야 할 것은 다 알아버렸다면, 지금 당연시하는 아이디어들이 모두 완전히 규명된 진실이라면, 이미 모든 게 다 이루어졌다면, 이 질문에 대한 훌륭한 답변은 더 이상 나올 수 없을 것이다. 통념에 반하는 사고가 쓸모 있는 이유는, 세상에 아직도 파헤칠 숨겨진 비밀들이 남아 있기 때문이다.

물론 우리가 아직 이해하지 못하는 일들이 많이 있지만, 그 중 일부는 어쩌면 밝혀내는 것이 불가능할 것이다. 이런 경우는 '숨겨진 비밀'이 아니라 '미스터리'가 된다. 예를 들어 '끈 이론string theory'은 우주의 물리법칙을 '끈'이라고 하는 1차원적 물체의 진동으로 설명한다. 끈 이론은 맞는 것일까? 이를 실험으로 확인해볼 수는 없다. 끈 이론이 어떤 내용을 함축하고 있는지 모두 이해할 수 있는 사람은 앞으로도 극소수에 불과할 것이다.

이는 단순히 끈 이론이 어렵기 때문일까, 아니면 해결할 수 없는 미스터리이기 때문일까? 이 차이를 아는 것은 매우 중요한 문제다. 어려운 일은 성취할 수 있지만, 불가능한 일은 성취할 수 없다.

통념과 반대되는 생각을 비즈니스에 적용했던 것을 다시 한 번 떠올려보자. '정말 가치 있는 기업인데 남들이 세우지 않는 것은 무엇인가?' 이 질문에 대한 옳은 대답은 모두 숨겨진 비밀에 해당할 것이다. 중요하고, 알려지지 않았고, 어려운 일이지만 할 수 있는 일이니까 말이다. 세상에 아직도 숨겨진 비밀이 많이 남아 있다면 아직 출범하지 않은, 세상을 바꿔놓을 회사들도 많이 남아 있을 것이다. 이번 장에서는 숨겨진 비밀에 관해 생각하는 요령과 그것을 찾아내는 방법에 관해 알아본다.

사람들은 왜 숨겨진 비밀을 찾아 나서지 않는가

대부분의 사람들은 더 이상 찾아낼 숨겨진 비밀이 없는 것처럼 행동한다. 이런 시각을 보여준 극단적인 경우가 소포 폭탄 테러범으로 유명한 테드 카진스키Ted Kaczynski였다. 카진스키는 16세에 하버드대학교를 들어간 영재였다. 그는 수학 전공으로 박사 학위를 받고 UC버클리의 교수가 되었다. 하지만 우리가 그의 이름을 처음 듣게 된 것은 그가 대학교수들과 기술자들, 사업가들을 상대로 17년간 벌여온 파이프 연쇄 폭탄 테러 때문이었다.

1995년 말, 당국은 연쇄 폭탄 테러범의 정체나 소재에 관해 전혀 아는 내용이 없었다. 가장 큰 단서는 카진스키가 익명으로 언론에 보내온 3만 5,000단어짜리 성명서였다. FBI는 뭔가 실마리를 찾을 수 있을까 기대하는 심정으로 몇몇 저명 신문사에 해당 성명서를 실어 달라고 부탁했다. 이게 효과가 있었다. 카진스키의 남동생이 형의 문체를 알아보고 신고한 것이다.

그렇다면 '카진스키의 문체가 완전히 정신 나간 것처럼 보였겠구나' 라고 짐작할 사람도 있을 것이다. 하지만 실제로 그의 성명서는 섬뜩할 만큼 설득력 있는 내용이었다. 카진스키는 행복해지기 위해서는 모든 개인이 "성취하려면 노력이 필요한 목표를 가져야 하고, 적어도 자신의 목표 중에 일부는 성취할 수 있어야 한다"라고 주장했다.

카진스키는 인간의 목표를 세 종류로 나누었다.

1. 최소한의 노력으로 만족될 수 있는 목표
2. 부단한 노력으로 만족될 수 있는 목표
3. 아무리 노력해도 만족될 수 없는 목표

이것은 바로 목표를 쉬운 것, 어려운 것, 불가능한 것으로 나누는 전통적인 삼분법이다. 카진스키는 세상의 어려운 문제는 이미 다 해결되었기 때문에 현대인들이 우울하다고 주장했다. 이제 남은 것은 쉽거나 불가능한 것들뿐이고, 그런 일들은 추구해봐야 불만족만 깊이 쌓일 뿐이다. 우리가 할 수 있는 것은 어린아이도 할 수 있는 것이고, 우리가 할 수 없는 것은 아인슈타인도 못 해냈을 일이다. 그래서 카진스키의 생각은 기존의 기관들을 파괴하고 모든 기술을 없애버려 사람들이 새로 시작할 수 있게, 어려운 문제에 새롭게 도전할 수 있게 해주자는 것이었다.

카진스키가 취한 방법은 미친 행동이었지만, 기술적 개척정신에 대해 신념을 잃었던 그의 모습은 우리 역시 도처에서 볼 수 있는 일이다. 별것 아닐 수도 있지만 요즘 도시인들이 추구하는 힙스터 스타일을 한번 생각해보자. 가짜 빈티지 사진, 팔자수염, 전축 같은 것들은 아직도 미래를 낙관했던 지나간 시절을 상기시키는 것들이다. 해볼 만한 가치가 있는 일은 모두 이미 누군가 했다면, 무언가를 성취하는 데 알레르기가 있는 척하면서 바리스타가 되는 편이 나을지도 모른다.

| 힙스터일까, 연쇄 폭탄 테러범일까? |

이것은 테러리스트나 힙스터들뿐만 아니라 모든 근본주의자들이 가진 생각이다. 예를 들어 종교적 근본주의자들은 어려운 질문에 대해서도 절충안을 인정하지 않는다. 간단한 진실들은 아이들조차 줄줄 외워야 하고, 신에 대한 알 수 없는 진실은 설명될 수 없는 것이다. 그리고 그 중간에 있는 냉엄한 진실들은 모두 이단으로 취급한다. 환경주의라는 현대의 종교에서 쉬운 진실은 우리가 반드시 환경을 보호해야 한다는 것이다. 그 이상은 대자연이 가장 잘 알겠지만 대자연은 질문을 받지 않는다.

자유시장주의자들 역시 비슷한 논리를 숭배한다. 모든 것의 가치는 시장에서 정해진다. 주식 시세는 어린아이조차 찾아볼 수 있다. 하지만 그 가격이 적정하냐고 질문해서는 안 된다. 시장은 우리가 알 수 있는 것보다 훨씬 더 많은 것을 알고 있기 때문이다.

그렇다면 왜 우리 사회에는 더 이상 숨겨진 비밀은 남아 있지 않다고 믿는 사람이 이토록 많아졌을까? 그 시작은 아마 지리학이었을 것이다. 이제 더 이상 지도에 빈칸으로 남은 곳은 없다. 18세기에 자라난 사람들은 아직도 새로운 갈 곳이 있었고, 해외 탐험에 관한 모험담을 듣고서 스스로 탐험가가 될 수도 있었다. 19세기와 20세기 초만해도 사정은 마찬가지였다. 하지만 그 이후 〈내셔널지오그래픽〉이 모든 서구인들에게 아직 제대로 탐험되지 않은, 지구상의 가장 이국적인 장소들이 어떻게 생겼는지 보여주었다.

탐험가들은 이제 역사책이나 어린이 동화에서나 발견할 수 있을 뿐이다. 자신의 자녀가 탐험가가 되기를 바라는 것은 해적이나 술탄

이 되기를 바라는 것과 마찬가지가 되었다. 깊은 아마존 어딘가에는 아마도 아직 세상과 접촉하지 않은 부족들이 몇십 군데쯤 남아 있을 것이다. 그리고 지구의 마지막 개척지로 심해가 남아 있다는 것도 알고 있다. 하지만 알려지지 않은 곳들은 그 어느 때보다도 접근하기 힘든 곳으로 보인다.

물리적으로 개척할 곳이 점점 없어진다는 자연스러운 사실에 사회적 추세 네 가지가 더해지면서 숨겨진 비밀에 관한 믿음을 뿌리째 없애버렸다.

첫 번째 추세는 '점진주의'다. 어릴 때부터 우리는 한 번에 조금씩, 매일매일, 단계적으로 나아가야 한다고 배운다. 더 많이 성취했거나 시험에 없는 것을 배웠다면 학점을 받을 수 없다. 하지만 정확히 시키는 대로 했다면(그리고 친구들보다 아주 조금만 더 잘했다면) A학점을 받는다. 이런 식의 과정은 종신 교수직을 받을 때까지 이어진다. 그렇기 때문에 학계는 보통 새로운 영역을 개척하기보다는 별 중요하지 않은 논문을 많이 발표하려고 한다.

두 번째 추세는 '위험 회피'의 추세다. 사람들이 숨겨진 비밀을 무서워하는 것은 틀릴까 봐 무서워하기 때문이다. 숨겨진 비밀이라면 당연히 주류 세력의 점검을 받은 적이 없다. 인생에서 실수하지 않는 것이 목표인 사람은 숨겨진 비밀을 찾아다니면 안 된다. 혼자서만 옳은 것(아무도 믿지 않는 일에 일생을 바치는 것)도 쉬운 일이 아닌데, 혼자이면서 '틀리는 것'은 견딜 수 없을 테니 말이다.

세 번째 추세는 '무사 안일주의'다. 사회의 엘리트들은 새로운 사고를 탐구할 수 있는 자유와 능력을 가장 많이 지녔다. 하지만 그들이야말로 숨겨진 비밀을 가장 믿지 않는 사람들인 것 같다. 이미 다해놓은 것들을 토대로 편안하게 지대地代나 받고 있으면 되는데, 무엇하러 새로운 숨겨진 비밀을 찾아 헤매겠는가? 가을이 되면 일류 로스쿨이나 비즈니스 스쿨의 학장들은 다들 똑같은 메시지로 신입생들을 맞는다. '너도 우리 엘리트의 일원이 되었구나. 이제 더 이상 걱정은 하지 않아도 돼. 이제 너는 평생이 보장되니까.' 하지만 이 말은 아마도 그렇게 믿지 않는 사람들에게게만 진실이 될 것이다.

네 번째 추세는 '평평화flatness' 다. 글로벌화가 진행되면서 사람들은 전 세계를 동질적이고 경쟁이 치열한 하나의 시장으로 인식하게 되었다. 세계가 평평flat해진 것이다. 그렇다고 하면 숨겨진 비밀을 찾겠다는 포부를 가진 사람들은 먼저 이렇게 자문하게 될 것이다. '뭔가 새로운 것을 발견하는 게 가능하다면 똑똑하고 창의적인 글로벌 인재들 중 누군가가 벌써 발견하지 않았을까?' 이런 의심의 목소리 때문에 사람들은 지레 숨겨진 비밀을 찾아 나설 생각조차 하지 않게 된다. 세상은 어느 개인이 독특한 무언가를 공헌하기에는 너무 큰 곳처럼 보이기 때문이다.

이런 추세에 긍정적인 측면도 있다. 예를 들면 지금은 사이비 광신교를 시작하기는 어렵다. 40년 전에는 아직 널리 알려지지 못한 지식이 있다고 생각하는 사람들이 좀 더 많이 있었다. 많은 이들이 공산당부터 하레 크리슈나(힌두교의 한 종파)에 이르기까지 '진정한 길' 을 보여줄, 깨우친 선봉대에 낄 수 있다고 생각했다. 지금은 정통이 아닌 생각들을 진지하게 받아들이는 사람은 매우 적으며, 주류에서는 이를 진보의 신호라고 본다. 사이비 광신도들이 줄어든 것은 기쁜 일이지만, 거기에는 커다란 대가가 따랐다. 아직 발견되지 못한 숨겨진 비밀들에 대한 경외심을 잃어버린 것이다.

관습에 따르면, 세상은……

숨겨진 비밀을 믿지 않는다면 세상을 어떻게 봐야 할까? 위대한 의문들은 이미 모두 풀렸다고 믿어야 할 것이다. 오늘날의 관습이 맞다면, 우리는 의기양양하게 안일한 태도를 취해도 될 것이다. '하나님은 하늘에 계시고 세상은 무탈하여라.'

예를 들어 숨겨진 비밀이 없는 세상은 정의에 대해서도 완벽히 이해했을 것이다. 모든 부당함에는 일찍이 사람들이 잘 인식하지 못했던 도덕적 진실이 포함되어 있었다. 민주 사회에서 잘못된 관행이 계속되는 것은 사람들이 부당하다고 인식하지 않기 때문이다. 처음에는 노예제도가 악랄한 제도라는 것을 아는 사람이 아주 적은 수의 노예제 폐지론자들 뿐이었다. 이런 시각은 이제 관습화된 통념이 되었지만, 19세기 초까지만 해도 여전히 숨겨진 비밀이었다. 오늘날 어떤 숨겨진 비밀도 남아 있지 않다고 말하는 것은 숨겨진 부당함이 없는 사회에 산다고 말하는 것과 같다.

경제학에서 숨겨진 비밀을 믿지 않는다는 것은 곧 효율적 시장을 믿는다는 뜻이다. 하지만 금융 버블이 있다는 것 자체가 시장에 이례적인 비효율이 있을 수 있음을 보여주는 것이다. (그리고 시장의 효율성을 믿는 사람이 많을수록 버블은 오히려 더 커진다.) 1999년에 인터넷이 비이성적으로 과대평가되었다고 믿고 싶었던 사람은 아무도 없었다. 2005년의 주택 시장도 마찬가지였다. 연방준비제도이사회 의장 앨런 그린스펀은 "몇몇 지역 시장에서 거품의 조짐이 있다"라고 인정할 수밖에 없었지만, "국가 전체의 주택 가격에 거품이 있을 것 같지는 않다"라고 말했다. 시장은 알 수 있는 모든 정보를 반영했으므로 결코 의심의 대상이 될 수 없었다. 그런 다음 전국적으로 주택 가격이 폭락했고, 2008년 금융위기는 수조 달러를 공중에 날려버렸다. 미래는 여전히 많은 숨겨진 비밀을 간직한 것으로 드러났고, 단순히 경제학자들이 모르는 척한다고 해서 그 숨겨진 비밀들이 사라질 수는 없었다.

기업이 더 이상 숨겨진 비밀을 믿지 않게 되면 어떻게 될까? 휴렛패커드Hewlett-Packard, HP의 서글픈 몰락이 좋은 교훈을 보여준다. 1990년에 HP는 90억 달러의 가치가 있는 회사였다. 이후 10년간 놀라운 발명들이 이어졌다. 1991년 HP는 데스크젯DeskJet 500C 제품을 출시했는데, 세계 최초의 보급형 컬러 프린터였다. 1993년 출시한 옴니북OmniBook은 매우 뛰어난 휴대성을 자랑했던 최초의 노트북 컴퓨터들 중 하나였다. 이듬해 HP는 세계 최초로 프린터와 팩스, 복사기를 하나로 합친 복합기 오피스젯OfficeJet을 출시했다. 이런 거침없는 제품 확장 전략이 효과를 나타내어 2000년대 중반 HP의 가치는

1,350억 달러에 이르렀다.

하지만 1999년 말부터 HP는 '발명'이라는 중요한 과제는 놔두고 새로운 브랜드 전략을 전개했다. 더 이상 발명은 없었다. 2001년 HP는 컨설팅과 고객지원 업무를 하는 HP서비스HP Service를 출범시켰다. 2002년 HP는 컴팩과 합병했다. 짐작컨대 아마 달리 무엇을 해야 할지 몰랐을 것이다. 2005년 회사의 시가총액은 700억 달러까지 곤두박질쳤다. 불과 5년 전에 비해 거의 절반밖에 안 되는 금액이었다.

HP의 이사회는 기능을 상실한 이사회의 전형이었다. 이사회는 두 파로 갈렸는데, 그 중 한쪽만이 신기술에 관심이 있었다. 이쪽 수장은 톰 퍼킨스Tom Perkins라는 사람으로, 연구팀을 맡아달라는 빌 휴렛Bill Hewlett과 데이브 패커드Dave Packard의 개인적인 요청을 받고 1963년 처음 HP에 들어온 인물이었다. 2005년에 73세가 된 퍼킨스는 마치 낙관주의의 시대에서 날아온 시간여행자 같았다. 그는 이사회가 가장 유망한 신기술을 찾아내 HP가 그 기술 제품을 만들게 해야 한다고 생각했다.

하지만 퍼킨스의 파는 회장인 퍼트리샤 던Patricia Dunn이 이끌던 반대파에 밀려났다. 직업 은행가였던 던은 미래 기술을 위한 계획을 짜는 것은 이사회의 능력을 넘어선다고 주장했다. 던은 이사회가 야경꾼 역할에만 충실해야 한다고 생각했다. '회계 부서에 별 문제는 없는가', '직원들은 규칙을 따르고 있는가' 같은 것들만 감독해야 한다고 생각했다.

이런 내분 와중에 이사회에 있던 누군가가 언론에 정보를 흘리기 시작했다. 그 출처를 찾던 던이 불법 도청을 지시했다는 사실이 알려지자, 이사회는 당초보다 더 크게 분열되었고 망신을 당했다. 기술적으로 숨겨진 비밀을 찾으려는 노력을 포기한 HP는 소문에 집착했다. 그 결과 2012년 말 HP의 기업 가치는 230억 달러로 떨어졌다. 인플레이션을 조정하고 나면 1990년에서 크게 늘어나지 않은 금액이었다.

숨겨진 비밀을 찾아낸 사례들

숨겨진 비밀은 찾아다니지 않으면 발견할 수가 없다. 이 점을 잘 보여준 사람이 페르마의 마지막 정리를 증명한 앤드루 와일스Andrew Wiles였다. 358년간 이미 수많은 수학자들이 연구를 하고 실패한 후 이뤄낸 성과였다. 이렇게 오랫동안 실패가 지속되면 처음부터 불가능한 과제는 아니었나 하는 의문이 들었을 법도 한데 말이다. 1637년 피에르 드 페르마Pierre de Fermat는 2보다 큰 정수 n이 $a^n + b^n = c^n$을 만족시키는 정수 a, b, c는 없다고 추측했다. 페르마는 이를 증명할 수 있다고 주장했다. 하지만 증명을 쓰기 전에 죽었고, 그래서 그의 추측은 오랫동안 수학계의 풀리지 않는 대표적 난제로 남아 있었다.

와일스는 1986년부터 이 정리를 증명하는 작업에 돌입했다. 하지만 계속 비밀로 하다가 해법을 거의 찾았다는 것을 알게 된 1993년에야 그런 사실을 공개했다. 9년간의 노고 끝에 와일스는 1995년 이 정리를 증명해냈다. 그의 성공에는 뛰어난 머리도 필요했지만, 숨겨진 비밀에 대한 신념 역시 필요했다. 뭔가 어려운 일이 불가능하다고 생각한다면 성취해볼 시도조차 하지 않게 된다는 점에서, 숨겨진 비밀에 대한 신념이야말로 진실과 다름없는 것이다.

진짜 진실은 아직 찾아내지 못한 숨겨진 비밀들이 많이 있다는 점이다. 하지만 그 비밀들은 오직 그칠 줄 모르고 찾아 헤매는 사람들에게만 그 모습을 드러낼 것이다.

수많은 영역들 중에서도 과학, 의학, 공학, 기술에는 아직도 할 일들이 많이 남아 있다. 우리는 기존 학문 중 경쟁우위를 갖고 있는 분야의 시시한 목표들만 달성할 수 있는 것이 아니라, 과학혁명 시대의 대담한 석학들조차 감히 대놓고 말하지 못했던 위대한 야망들까지 달성할 수 있는 위치에 있다. 우리는 암과 치매를 비롯한 모든 노인성 질환과 신진대사 질환을 고칠 수 있다. 우리는 에너지를 생성하는 새로운 방법을 찾을 수 있고, 그렇게 되면 화석연료를 놓고 세계가 충돌하는 일도 없어질 것이다. 우리는 지구상을 더 빨리 이동할 수 있는 방법도 발명할 수 있고, 지구를 벗어나서 새로운 곳을 개척할 방법도 배울 수 있다. 하지만 간절하게 알고 싶어 하고 일부러 찾아 나서지 않는다면, 이런 숨겨진 비밀은 하나도 알 수 없을 것이다.

비즈니스의 경우도 마찬가지다. 세상이 어떻게 움직이는지에 관해 누구나 생각할 수 있지만 아무도 미처 발견하지 못한 숨겨진 비밀을 발견할 때 위대한 기업이 만들어질 수 있다. 언제나 우리 주변에 있지만 자주 무시되고 있는 여력들을 활용해 사업을 일군 실리콘밸리의 스타트업들을 한번 생각해보자. 에어비엔비Airbnb가 생기기 전에는 여행자들이 비싼 값을 치르고 호텔방을 잡는 것 말고는 다른 대안이 거의 없었고, 집주인들은 쓰지 않는 공간을 믿고서 쉽게 빌려줄 방법이 없었다. 에어비엔비는 방치되어 있던 이런 공급과 수요를 알아봤다. 다른 사람들은 전혀 가치를 발견하지 못했던 일이었다. 개인 자동차 서비스 업체인 리프트Lyft와 우버Uber도 마찬가지다. 어느 장소에 가고 싶은 사람과 기꺼이 태워다 주고 싶은 사람을 단순히 연결해주는 것만으로 수십억 달러짜리 기업을 세울 수 있을 거라고 상상해본 사람은 거의 없었다. 우리에게는 이미 주 정부의 허가를 받은 택시와 사설 리무진 업체들이 있었기 때문이다.

숨겨진 비밀을 믿고 그것을 찾아다니는 것만으로도 우리는 보편화된 관습을 넘어 뻔히 보이는 곳에 숨어 있는 기회들을 볼 수 있다. 페이스북을 포함한 수많은 인터넷 기업들이 자주 과소평가되는 것도 똑같은 이유(너무 간단하다는 것) 때문이며, 이것 자체도 하나의 숨겨진 비밀이다. 너무나 간단해 보이는 것을 다시 생각할 수 있는 통찰력만으로도 중요하고 가치 있는 기업을 세울 수 있다면 세상에는 아직도 세울 수 있는 훌륭한 회사들이 많이 남아 있다.

숨겨진 비밀을 어떻게 찾을 것인가

숨겨진 비밀에는 두 종류가 있다. '자연의 숨겨진 비밀'과 '사람에 관한 숨겨진 비밀'이다. 자연의 숨겨진 비밀은 도처에 존재하고, 그 진실을 찾고 싶으면 물리적 세상의 아직 밝혀지지 않은 면을 연구해야 한다. 사람에 관한 숨겨진 비밀은 이와는 다르다. 이 진실들은 사람들이 스스로에 관해 모르고 있거나 혹은 남이 아는 게 싫어서 숨기고 있는 면들이다. 따라서 어떤 회사를 세울지 고민할 때는 분명한 두 가지 질문을 해봐야 한다.

'자연이 말해주지 않고 있는 숨겨진 비밀은 무엇인가?'

'사람들이 말해주지 않고 있는 숨겨진 비밀은 무엇인가?'

자연의 숨겨진 비밀들은 누구나 아주 중요한 일일 거라고 짐작한다. 그렇기 때문에 자연의 숨겨진 비밀을 찾는 사람들의 이야기는 주눅이 들 만큼 권위 있게 들린다. 물리학 박사들이 함께 일하기 힘든 사람들로 악명이 높은 것은 바로 이때문이다. 물리학 박사들은 가장 기본적인 진실들을 알고 있기 때문에 자신들이 '모든' 진실을 알고 있다고 생각한다. 하지만 전자기 이론을 이해하고 있다고 해서 남의 부부 문제까지 전부 상담해줄 수 있을까? 중력 이론가라고 해서 우리 사업에 관해 우리보다 더 잘 알고 있을까?

나는 일전에 페이팔에서 엔지니어 부문에 지원한 물리학 박사를 인터뷰한 적이 있었다. 내가 첫 번째 질문을 반쯤 얘기했을 때 그는 이렇게 소리쳤다. "됐어요! 뭘 물어보시려는지 알겠어요!" 하지만 그의 짐작은 틀렸다. 고용하지 않기로 결정하는 것이 이때처럼 쉬웠던 적도 없었다.

사람에 관한 숨겨진 비밀은 상대적으로 저평가되고 있다. 그것은 아마 12년간 고등교육을 받지 않아도 사람에 관한 숨겨진 비밀을 밝혀줄, '사람들이 말할 수 없는 것들은 무엇인가?', '금지되거나 터부시되는 것은 무엇인가?'와 같은 질문들을 쉽게 던질 수 있기 때문일 것이다.

어떤 때는 자연의 숨겨진 비밀을 찾는 것과 사람에 관한 숨겨진 비밀을 찾는 것이 같은 진실에 도달할 때도 있다. 독점의 숨겨진 비밀, '경쟁과 자본주의는 상극이다'에 대해 다시 한 번 생각해보자. 혹시 아직 이런 사실을 몰랐던 사람이 있다면 자연스럽고 경험적인 방법을 통해 쉽게 알 수 있다. 기업 이윤에 관해 정량 분석을 해본다면, 경쟁과 함께 이윤이 제거되는 것을 쉽게 볼 수 있기 때문이다.

하지만 좀 더 인간적으로 접근해 물어볼 수도 있다. '회사를 경영하는 사람들이 말할 수 없는 것들은 무엇인가?' 독점기업들은 조사를 받지 않기 위해 자신들의 독점 상태를 축소하려고 드는 반면, 경쟁적인 회사들은 전략적으로 자신들의 고유함을 과장해서 말한다. 이런 차이는 겉으로는 별것 아닌 것처럼 보일지 몰라도, 실제로는 어마어마한 차이다.

숨겨진 비밀을 찾기에 가장 좋은 장소는 아무도 찾고 있지 않은 장소다. 대부분의 사람들은 배운 대로만 생각한다. 그리고 학교 교육은 보편화된 지혜를 전해주는 것을 목표로 한다. 그렇다면 이렇게 물어

볼 수 있을 것이다. '중요하지만 아직 표준화되거나 제도화되지 않은 분야는 없을까?'

예를 들어 물리학은 모든 주요 대학의 중요한 전공이기 때문에 이미 정형화되어 있다. 물리학의 정반대는 점성학이겠지만, 점성학은 중요하지 않다. 영양학 같은 것은 어떨까? 영양은 누구에게나 중요한 문제지만 하버드대학교에서 전공 과목으로 다루지는 않는다. 대부분의 뛰어난 과학자들은 다른 분야에 관심을 둔다. 대부분의 중요한 연구는 모두 3, 40년 전에 나온 것들이고, 그나마도 오류투성이다. 저지방에 곡류를 엄청나게 먹으라고 말하는, 정부가 내놓은 식단 피라미드 그림은 아마도 진짜 과학에 기초한 것이 아니라 대형 식품회사들이 만들어낸 로비의 산물일 것이다. 그 피라미드가 나온 이후 이 나라에 비만이라는 유행병은 오히려 악화되었을 뿐이니 말이다. 밝혀내야 할 진실들은 아주 많다. 우리는 인간의 영양에 관한 지식보다 저 멀리 떨어진 별들의 물리 법칙에 관해 더 많이 알고 있다. 쉽지는 않겠지만 분명 불가능한 것은 아닌 것으로 보인다. 그렇다면 영양학은 숨겨진 비밀을 많이 발견할 수 있는, 정확히 바로 그런 종류의 분야다.

숨겨진 비밀로 무엇을 할 것인가

숨겨진 비밀을 발견한 사람은 선택의 기로에 놓인다. 누군가에게 얘기를 할 것인가? 아니면 혼자서 간직할 것인가?

이는 숨겨진 비밀의 종류에 달려 있다. 파우스트가 바그너에게 들려준 것처럼 위험한 진실들도 있으니까 말이다.

> 무엇을 알 수 있는지 알았던 몇 안 되는 사람들,
> 그들은 바보처럼 자신의 마음을 훤히 까발렸지.
> 저 아래 무리들에게 자신의 감정을 다 드러냈어.
> 인류는 언제나 그들을 십자가에 매달아 불태웠지.

완벽하게 관습화된 것들만 믿는 사람이 아닌 이상, 자신이 아는 모든 것을 아무에게나 얘기하는 것은 별로 좋은 생각이 아니다.

그렇다면 누구에게 얘기할 것인가? 필요하다면 누구에게든 얘기해도 되지만, 그 외의 사람에게는 결코 얘기하면 안 된다. 실제로 그렇게 할 수 있는 좋은 기준이 있다. '아무에게도 말하지 않는 것'과 '아무에게나 말하는 것' 사이의 가장 적절한 중도의 길, 그게 바로 회사다.

최고의 기업가들은 이 점을 알고 있는 것이 틀림없다. 모든 위대한 기업들은 남들에게는 감추고 있는 숨겨진 비밀을 토대로 만들어지기 때문이다. 위대한 회사란 세상을 바꾸자는 작당에 다름 아니다. 당신만이 알고 있는 숨겨진 비밀을 공유했다면, 상대방은 이제 공모자가 된 것이다. 톨킨Tolkien이 《반지의 제왕》에 썼던 것처럼 말이다.

길은 계속해서 이어지네.
길이 시작된 문에서부터.

인생은 긴 여정이다. 먼저 지나간 이들의 발자국이 찍힌 그 길은 끝이 보이지 않는다. 하지만 이야기의 뒤로 가면 또 이런 어구가 나온다.

모퉁이를 돌면 기다리고 있는 것은
새로운 길이거나 비밀의 문.
오늘 그 길을 지나쳤지만
내일은 이 길로 올지도 모르지.
그리고 숨겨진 길을 따라
달까지, 해까지 갈지도 모르지.

길이 끝없이 이어질 필요는 없다. 숨겨진 길을 따라가라.

2
기초를
튼튼히 하라

모든 위대한 기업들은 고유한 특징을 갖고 있지만, 어떤 기업이든지 처음부터 제대로 갖추지 않으면 안 되는 것들도 있다. 이 점을 내가 워낙 자주 강조하다 보니 지인들은 나를 놀리듯이 이를 '틸의 법칙 Thiel's law'이라고 부른다. 틸의 법칙은 '기초부터 망친 신생기업은 되살릴 수가 없다'라고 요약될 수 있다.

처음이란 아주 특별한 것이다. 모든 것의 처음은 그 이후에 벌어질 일들과는 질적으로 다르다. 우주가 만들어진 138억 년 전에도 마찬가지였다. 우주가 처음으로 생긴 백만 분의 몇 초 사이에 우주는 10^{30}배로 확장되었다. 1조 배로 확장된 것이 다시 1조 배, 그리고 또 다시 100만 배 확장된 것이다. 그 잠시 잠깐 최초의 순간 동안 우주가 창조되었고, 그때의 물리 법칙들은 지금 우리가 아는 물리 법칙들과는 달랐다.

미국이라는 나라가 처음 만들어진 227년 전에도 마찬가지였다. 미합중국 헌법 입안자들은 제헌 회의에서 함께 보낸 몇 달 동안 기초적인 문제들을 자유롭게 토론할 수 있었다. 중앙정부는 어느 정도의 힘을 가져야 할 것인가? 의회 대표는 어떤 비율로 할당할 것인가? 그해 여름, 필라델피아에서 나온 절충안들을 우리가 어떻게 생각하든 그때 이후로는 바꾸기가 쉽지 않았다.

1791년 권리장전을 채택한 이후 미국이 헌법을 수정한 것은 17번에 불과하다. 지금 캘리포니아 주의 인구는 알래스카 주의 50배가 넘지만 상원에서 차지하는 의석수는 동일하다. 이것은 어쩌면 오류가 아니라 특징일 수도 있다. 하지만 미국이 존속하는 한, 우리는 이 특징을 바꿀래야 바꿀 수가 없을 것이다. 제헌 회의를 또다시 열 수는 없기 때문에 지금 우리는 그보다 작은 문제들만 가지고 갑론을박하고 있다.

이런 점에서 기업은 국가와 비슷하다. 일찌감치 내려진 나쁜 결정들(예컨대 파트너를 잘못 골랐다거나 사람을 잘못 채용했다거나 하는 것들)은 이후에는 바로 잡기가 아주 어렵다. 어쩌면 파산 명령이라도 나야 누군가 바로잡아볼 시도라도 해볼 것이다. 회사 창업자의 가장 중요한 임무는 최초의 사안들을 제대로 처리하는 것이다. 부실한 기초 위에 위대한 기업을 세울 수는 없다.

결혼과 비슷한 공동 창업자 찾기

무언가를 시작할 때 결정해야 하는 것들 중 가장 중요한 것은 '누구와 함께 시작하느냐'다. 공동 창업자를 고르는 일은 결혼과도 비슷해서 창업자 간의 충돌은 이혼만큼이나 지저분해진다. 어떤 관계에서든 처음에는 낙관론이 지배한다. 잘못될 수 있는 여지가 무엇이 있는지 차분하게 생각해보는 것은 전혀 낭만적이지 않기 때문에 사람들은 긍정적으로만 생각한다. 하지만 창업자들 사이에 합치될 수 없는 의견 차이가 점점 커지면 희생되는 것은 회사다.

1999년 루크 노섹Luke Nosek은 페이팔의 공동 창업자 중 한 명이고, 지금도 나는 파운더스펀드에서 루크와 함께 일하고 있다. 하지만 페이팔보다 1년 앞서 루크는 다른 사람과 함께 회사를 세웠고, 나는 그 회사에 투자했다. 루크로서는 그 회사가 처음으로 세운 회사였고, 나로서는 그 회사가 첫 투자처 중 하나였다.

당시에는 우리 둘 다 몰랐지만, 그 회사는 처음부터 실패할 운명이었다. 루크와 그의 공동 창업자는 서로 전혀 맞지 않았던 것이다. 루크는 기발하고 독특한 생각을 하는 사람이었고, 그의 공동 창업자는 MBA 타입에 1990년대 골드러시를 놓치기 싫어한 사람이었다. 두 사람은 어느 창업 동호회에서 만나 잠깐 이야기를 나눈 뒤 함께 회사를 차리기로 결정했다. 라스베이거스의 슬롯머신 앞에서 처음 만난 사람과 결혼하는 것과 별반 다르지 않은 결정이었다. '어쩌면' 잭팟을 터뜨릴 수도 있겠지만 오래도록 지속되기는 힘든 관계였다.

두 사람의 회사는 공중으로 날아가 버렸고, 나는 투자금을 잃었다.

지금 나는 스타트업에 투자를 고려할 때 창업자들을 면밀히 조사한다. 기술적 능력이나 서로 보완적인 능력을 갖는 것도 중요하지만, 공동 창업자들이 서로를 얼마나 잘 알고 얼마나 잘 협업하는가 하는 부분도 그에 못지않게 중요하다. 창업자들은 함께 회사를 세우기 전부터 서로 역사를 갖고 있어야 한다. 그렇지 않으면 창업은 주사위 던지기나 마찬가지다.

소유권, 점유권, 통제권

창업자들끼리 서로 잘 지내는 것으로 끝이 아니다. 회사에 있는 모든 사람이 원활하게 협동할 수 있어야 한다. 실리콘밸리에 사는 자유방임주의자라면, 혼자서 회사를 차리면 이 문제를 해결할 수 있다고 말할지도 모른다. 물론 프로이트나 융을 비롯해 많은 심리학자들이 개인의 마음도 여러 갈래로 나뉜다는 이론들을 내놓긴 했지만, 적어도 비즈니스의 세계에서는 혼자서 일한다면 절대로 엇박자가 나는 일은 없을 것이다. 그러나 안타깝게도 이 경우에는 세울 수 있는 회사의 종류에 제한이 생긴다. 여러 사람이 뭉치지 않고 0에서 1이 되기는 매우 어렵다.

실리콘밸리에 사는 무정부주의자라면, 꼭 맞는 사람을 고용하면 완벽한 조화를 이룰 수 있다고 말할지도 모른다. 특별한 장치를 마련하지 않아도 평화롭게 잘 지낼 수 있는 사람을 고르면 된다고 말이다. 직장에서 생기는 뜻밖의 일이나 심지어 무정형의 혼돈조차 나머지 세상 사람들이 만들어내고 복종하는 오래된 규칙들을 '무너뜨리는' 데는 오히려 도움이 되는 것으로 간주된다.

사실 '사람들이 천사였다면 정부는 필요하지 않았을 것'이다. 그러나 제임스 매디슨James Madison(미국의 4대 대통령. 미국 헌법 초안을 기초했다—옮긴이)이 말했듯이 '인간은 천사가 아니다.' 그렇기 때문에 회사를 경영하는 최고 경영자들과 통제하는 이사들은 각자 역할이 서로 다른 것이고, 회사에 대한 창업자의 권리와 투자자의 권리를 공식적으로 정해두는 것이다. 서로 잘 어울릴 좋은 사람들도 필요하지만, 장기간 모든 사람이 조화를 이루려면 장치가 필요하다.

어느 회사든 엇박자가 날 수 있는 요인을 미리 예측해보고 싶다면, 다음과 같은 세 가지 개념을 구별해보는 것이 도움이 된다.

- 소유권: 법적으로 회사의 자산을 소유한 사람이 누구인가?
- 점유권: 실제로 매일 회사를 운영하는 사람이 누구인가?
- 통제권: 공식적으로 회사에 생긴 일들을 통제하는 사람이 누구인가?

일반적인 신생기업이라면 소유권은 창업자와 직원, 투자자가 나눠 갖는다. 점유권은 회사를 운영하는 경영자들과 직원들이 누리게 된다. 그리고 으레 창업자와 투자자로 구성되는 이사회가 통제권을 행사한다.

이론적으로는 이런 식으로 역할을 나눠두면 아무 문제가 생기지 않을 것이다. 소유권을 일부 나눠 가지면 금전적 혜택이 있으므로 투자자와 직원을 쉽게 끌어모을 수 있고, 그들에게 적절한 보상을 해줄 수 있다. 회사를 효과적으로 점유하면 창업자나 직원들은 동기가 부여되고 권한이 늘어나므로 일을 더 잘 할 것이다. 그리고 이사회의 감독 기능은 경영자들이 더 큰 시각에서 계획을 세우도록 도움을 준다. 그러나 실제로 해보면, 이렇게 여러 사람이 여러 기능을 나눠 갖는 것은 합리적이면서도 한편으로는 엇박자가 날 가능성이 몇 배로 커지는 일이다.

가장 심하게 엇박자가 나는 모습을 보고 싶다면 미국 교통국을 방문해보면 된다. 운전면허증을 새로 발급받는다고 생각해보라. 이론적으로 생각하면 이 일은 하등 어려워야 할 이유가 전혀 없다. 교통국은 정부 기관이고, 미국은 민주공화국이다. 모든 권력은 '국민'에게 있고, 국민이 대표를 선출해서 국민들을 위해 일하라고 정부에 보낸다. 그러니 모든 국민은 부분적으로는 교통국의 주인이고, 국민의 대표가 이곳을 통제하고 있으니, 당당히 걸어 들어가서 원하는 것을 받아 나와야 할 것이다.

하지만 실상은 전혀 그렇지가 않다. 국민이 교통국의 자원을 '소유'하고 있을지는 몰라도 그 소유권이라는 것은 허구에 가깝다. 반면에 교통국을 운영하는 직원들과 옹졸한 독재자들은 권력을 누리는 기간이 얼마 되지 않음에도 불구하고 아주 실감나는 점유권을 누린다. 교통국에 대해 명목상 통제권을 갖고 있는 주지사나 의회조차 아무엇도 바꾸지 못한다. 선출직 관료들이 그 어떤 조치를 취해봐도 타성에 젖은 관료주의는 꿈쩍도 하지 않는다. 아무에게도 책임을 지지 않는 교통국은 모든 사람과 엇박자를 낸다. 담당 공무원의 재량에 따라 면허 발급 과정은 즐거운 일이 될 수도 있고, 악몽이 될 수도 있다. 정치 이론을 들이대 가며 우리가 주인이라고 우겨봐야 더 좋은 서비스를 받지를 못한다.

교통국보다는 낫겠지만 큰 회사들은 여전히 엇박자가 날 수 있다. 특히나 소유권과 점유권 사이에서 말이다. 예를 들어 GM과 같은 거대 회사의 CEO는 회사 주식을 일부는 소유하고 있겠지만, 전체 주식에 비하면 미미한 수준이다. 따라서 CEO는 소유권의 가치보다는 점유권의 힘을 이용해 보상을 받으려는 동기가 생긴다. 분기별 실적만 잘 나온다면, 고연봉을 받으면서 회사 전용기를 계속 이용하는 데 아무 문제가 없을 것이다. '주주 가치'라는 이름으로 주식 보상을 해주더라도 엇박자는 여전히 날 수 있다. 해당 주식이 단기 성과에 대한 보상이라면, CEO는 먼 미래에 주주들에게 더 큰 가치를 창출할지도 모를 계획에 투자하는 것보다는 그냥 비용을 절감하는 편이 훨씬 쉽고 돈이 되는 길임을 알게 된다.

대형 회사들과는 달리 초기 단계의 신생기업이라면 규모가 작기 때문에 창업자가 소유권과 점유권을 모두 갖는 것이 통상적이다. 따라서 신생기업에서 대부분의 충돌은 점유권과 통제권 사이, 즉 이사회에 있는 창업자들과 투자자들 사이에 발생한다. 시간이 지나면서 이해관계가 분열되면 충돌 가능성이 늘어나기 때문이다. 이사회 구성원들은 최대한 빨리 회사를 상장시켜서 승리를 만끽하고 싶을 것이고, 창업자들은 비공개 기업 상태 그대로 사업을 더 키우고 싶을 것이다.

이사회는 작을수록 좋다. 이사회가 작을수록 이사들이 서로 소통하고 공감대를 형성해 효과적으로 감독하기가 쉬워진다. 하지만 그렇게 효과적이라는 것은 경영진과 어떤 충돌이 생겼을 때, 작은 이사회가 경영진을 힘으로 맞설 수도 있다는 뜻이다. 따라서 이사회를 현명하게 구성하는 것이 매우 중요해진다. 이사회에 속한 한 사람, 한 사람이 모두 중요하다. 문제가 되는 이사 한 명이 눈엣가시가 될 수도 있고, 나아가 회사의 미래를 위험에 빠뜨릴 수도 있다.

이상적인 형태는 이사회를 3명으로 구성하는 것이다. 공개 기업이 아닌 이상 5명이 넘어서는 안 된다(공개 기업의 경우는 정부 규제 때문에 이사회를 더 크게 구성해야 하고 평균이 9명이다). 이사회를 엄청나게 크게 구성하는 것이야말로 저지를 수 있는 최악의 실수다. 잘 모르는 사람들이 비영리단체의 이사회가 열 몇 명씩으로 구성된 것을 보면 이렇게 생각한다. '이 단체에 헌신하는 훌륭한 사람들이 이렇게나 많다니! 정말 잘 운영되겠어.' 하지만 실제로는 거대 이사회는 효과적인 감독 기능을 전혀 수행하지 못한다. 그 단체를 실제로 주무르는 사람이 해놓은 일에 겨우 방패막이나 되어줄 수 있을 뿐이다. 이처럼 이사회로부터 고삐 풀린 자유를 원한다면 이사회를 거대하게 만들어라. 그렇지 않고 효과적인 이사회를 원한다면 이사회를 작게 유지하라.

탈 것이냐, 내릴 것이냐

일반적으로 말하면 회사에 참여할 사람은 풀타임으로, 다시 말해 전업으로 참여해야 한다. 하지만 가끔은 이 원칙을 깨야 할 때가 생긴다. 예컨대 변호사나 회계사는 보통 외부에서 고용하는 것이 좋다. 그러나 누가 되었든 스톡옵션을 갖고 있지 않거나 고정된 월급을 받아가는 사람은 기본적으로 같은 생각을 가진 사람이 아니다. 그런 사람은 미래에 더 많은 가치를 창조하는 것보다는 가까운 시일 내에 돈이 되는 쪽으로 기울게 되어 있다. 컨설턴트를 고용해봐야 별 도움이 되지 않는 것은 이 때문이다.

시간제 직원은 소용이 없다. 심지어 출근하지 않고 원격지에서 일하는 것도 피해야 할 일이다. 같은 날, 같은 장소에서 종일 함께 있지 않으면 생각의 차이가 조금씩 벌어질 수 있다. 누군가를 이사회에 넣을지 말지를 결정할 때는 둘 중 하나밖에 없다. 켄 키지Ken Kesey(소설 《뻐꾸기 둥지 위로 날아간 새》의 작가—옮긴이)의 말처럼, 버스에 타든지 내리든지 양단간에 결정을 내려야 한다.

현금이 다가 아니다

사람들이 무언가에 온전히 헌신하려면 적절한 보상이 필요하다. 만약 어느 기업가가 내게 투자를 청하면, 나는 그에게 스스로에게 얼마의 보상을 지급할 생각인지 물어본다. CEO에게 주는 돈이 적을수록 회사는 더 좋은 성과를 낸다. 이것은 내가 수백 개의 스타트업에 투자하면서 알게 된 가장 뚜렷한 패턴 중 하나다.

'벤처캐피털의 자금 지원을 받는 초기 단계의 스타트업이라면 그 어떤 경우에도 CEO가 15만 달러 이상의 연봉을 받아서는 안 된다.' 해당 CEO가 구글에서 훨씬 더 큰 돈을 받는 데 익숙하다거나 거액의 주택담보대출이 있다거나 혹은 자녀가 비싼 사립학교에 다니고 있더라도 상관없다. CEO가 30만 달러의 연봉을 받는다면, 그는 창업자보다는 정치가가 될 위험이 있다. 고액의 연봉을 받는 사람은 자신의 월급과 함께 현 상태를 방어하려는 동기가 생기기 때문이다. 그는 다른 모든 사람들과 힘을 합쳐 문제점을 부각시키거나 공격적으로 문제를 해결하려고 들지 않을 것이다. 반면에 현금이 부족한 경영자는 전체 회사의 가치를 높이는 데 집중하게 된다.

또한 CEO의 연봉이 낮으면 다른 사람들에게도 본보기가 된다. 온라인 파일 공유 및 클라우드 서비스 업체인 박스Box의 CEO 애런 레비Aaron Levie는 언제나 자신이 다른 모든 직원들보다 낮은 월급을 받도록 주의를 기울였다. 박스를 설립하고 4년이 지난 후에도 그는 여전히 본사에서 두 블록 떨어진, 매트리스를 제외하면 아무 가구도 없는 방 한 칸짜리 아파트에서 살고 있었다. 직원들은 모두 CEO가 회사의 목표를 향해 헌신하고 있다는 것을 분명히 알 수 있었고, 그 모습을 본받았다. 만약 CEO가 사내에서 가장 '낮은' 월급으로 본보기를 세울 수 없다면, 가장 '높은' 월급을 받아서 본보기가 될 수도 있다. 그 금액이 높지만 않다면, 그 금액이 현금 보상의 최대액이라는 효과적인 상한선이 될 수 있다.

현금은 매력적이다. 현금은 선택 가능성 그 자체다. 월급을 받으면 그 돈으로 원하는 것은 무엇이든 할 수 있다. 하지만 고액의 현금 보상은 직원들에게 시간을 투자해 미래에 새로운 가치를 창조하게 만들기보다는 회사가 이미 갖고 있는 가치를 뽑아 쓰게 만든다. 현금 보너스 역시 현금 월급과 별 차이가 없다. 그래도 보너스는 일을 잘해야 주는 것이긴 하지만 말이다. 그러나 소위 인센티브라고 해도 단기적 사고와 보상을 조장하기는 마찬가지다. 현금이라면 종류를 막론하고 미래보다는 현재를 중시한 것이다.

주식이라는 보상

신생기업들이 높은 연봉을 줄 필요가 없는 것은 더 좋은 무언가를 제시할 수 있기 때문이다. 회사 자체의 부분적 소유권 말이다. 주식이라는 형태의 보상은 사람들이 미래의 가치를 창조하도록 방향을 잡아주는 데 효과가 있다.

하지만 주식이 충돌을 조장하는 것이 아니라 헌신을 이끌어내려면 주식 할당에 주의를 기울여야 한다. 모든 사람에게 똑같은 지분을 주는 것은 대부분의 경우 실수다. 사람마다 재능과 책임이 다르고 기회 비용도 다른데, 똑같은 지분을 준다는 것은 처음부터 임의적이고 불공정한 처사다. 반면에 미리 서로 다른 지분을 정해놓는 것 역시 똑같이 불공정하게 보일 것이다. 이 단계에서 벌써 원망이 생긴다면 회사에게는 치명적이겠지만, 그렇다고 충돌을 완벽하게 피하면서 소유권을 나눠 가질 공식 따위는 없다.

이런 문제점은 시간이 지나면서 회사에 합류하는 사람이 늘어나면 더욱더 민감해진다. 더 많은 위험을 감수한 초기 직원들이 가장 큰 지분을 가져가는 것이 보통이지만, 나중에 합류한 직원들이 회사의 성공에는 더욱 중요할 수도 있다. 1996년에 이베이에 합류한 비서가 1999년에 합류한 업계의 베테랑 사장보다 200배나 많은 돈을 벌었을 수도 있다. 2005년에 페이스북의 사무실 벽에 그림을 그려준 그래피티 아티스트가 받은 주식은 나중에 그 가치가 2억 달러가 되었는데, 2010년에 합류한 유능한 엔지니어는 200만 달러밖에 벌지 못할 수도 있다. 완벽하게 공정한 방법으로 소유권을 나눌 방법은 없기 때문에 창업자들은 세부 사항은 비밀에 부치는 편이 낫다. 모든 사람의 지분을 명기한 이메일을 회사에 돌리는 것은 사무실에 핵폭탄을 떨어뜨리는 것이나 마찬가지다.

대부분의 사람들은 지분을 전혀 원하지 않는다. 한번은 페이팔에서 컨설턴트를 고용한 적이 있었다. 그는 돈이 되는 사업 개발 거래를 협상해주기로 했다. 결국 그는 아무것도 성공시키지 못했지만, 하루 5,000달러씩 꼬박꼬박 받아갔다. 스톡옵션을 받는 것은 거절했다. 신생기업의 주방장이 백만장자가 되는 일도 있지만, 주식이 매력적이지 않다고 생각하는 사람도 많다. 주식은 현금처럼 유동적이지 않고, 특정 기업에 매어 있는 것이기 때문이다. 그 회사가 성공하지 못하면 주식은 휴지조각이 된다.

하지만 주식이 강력한 도구가 되는 것도 바로 그런 제한 때문이다. 현금으로 받는 것보다 회사 일부를 소유하고 싶어 하는 사람이라면 장기적인 것을 선호하는 사람이고, 회사의 미래 가치를 증가시키는 데 전념할 사람이다. 주식이 완벽한 인센티브가 될 수는 없지만, 회사의 창업자가 사내의 모든 이들을 크게 보고 한 방향으로 이끌고 가기에는 최선의 수단이라고 할 수 있다.

도약 가능성을 열어두다

밥 딜런이 이런 말을 한 적이 있다. "태어나기에 바쁘지 않은 사람은 죽기에 바쁘다." 그의 말이 맞다면 태어나는 것은 한순간으로 끝나지 않는다. 어쩌면 우리는 지금도 계속 태어나고 있는 중일 수도 있다. 적어도 시적詩的으로는 말이다.

하지만 회사의 설립 순간만큼은 정말로 딱 한 번만 일어난다. 미래에 가치를 창출할 수 있는 방향으로 사람들을 이끌어줄 규칙들을 세울 수 있는 기회는 그 최초의 순간밖에 없다.

가장 가치 있는 기업들은 기업이 만들어지는 순간에만 발명할 수 있는 것들을 나중에도 발명할 수 있게 가능성을 열어둔다. 이렇게 되면 회사는 제2의 도약이 가능해진다. 제2의 도약은 회사가 새로운 것을 창조하는 한 끝없이 계속되며, 회사가 창조를 멈추는 순간 끝이 난다. 회사를 처음 세울 때 올바른 결정들을 내린다면, 가치 있는 회사를 만드는 것을 넘어 그 이상의 일을 할 수 있다. 먼 미래에도 처음 물려받은 성공만 지켜내는 것이 아니라 새로운 것을 창조할 수 있는 회사를 만들 수 있는 것이다. 어쩌면 회사의 새로운 도약의 순간을 무한히 연장시킬 수 있을지도 모른다.

10

마피아를
만들어라

머릿속 실험 한 가지로 이야기를 시작해보자. 이상적인 기업 문화란 어떤 모습일까? 직원들은 자기 일을 사랑해야 할 것이다. 출근하는 것을 너무나 즐기는 나머지, 공식적인 근무 시간이라는 것은 더 이상 의미가 없고 아무도 시계를 보지 않아야 한다. 사무실은 책상마다 구획이 나뉜 것이 아니라 뻥 뚫려 있고, 직원들은 사무실에서 편안함을 느껴야 할 것이다. 어쩌면 캐비닛 수보다 편안한 소파와 탁구대 수가 더 많아야 할 것이다. 공짜로 마사지를 받을 수 있고, 초밥 요리사가 출장을 오고, 거기에 요가 수업까지 열린다면 분위기는 더욱 화기애애할 것이다. 애완동물도 데려올 수 있어야 한다. 회사의 비공식 마스코트가 되어버린 사무실의 대형 열대어 수조 옆에 직원들이 데려온 개와 고양이들이 앉아 있을 것이다.

자, 이 그림에서 뭐가 잘못되었을까? 이 중에는 실리콘밸리 때문에 유명해진 말도 안 되는 특전도 몇 가지 들어 있다. 하지만 아무것도 실체가 없다. 실체가 없다면 특전은 아무 소용도 없다. 인테리어 디자이너를 고용해 사무실을 아름답게 꾸며봐도, '인적자원 관리'에 통달한 컨설턴트를 고용해 사내 정책을 고쳐도, 브랜드 전문가를 불러 유행어를 만들어도 의미 있는 성과는 나오지 않을 것이다.

'기업 문화'란 기업 자체와 별개로 존재하는 것이 아니다. 기업 문화를 '가진' 회사는 없다. 오히려 모든 '회사 자체가' 하나의 기업 문화다. 신생기업이란 같은 목표를 가진 사람들이 하나의 팀으로 뭉친 것이다. 훌륭한 기업 문화란 그것이 회사 내에서 드러난 모습일 뿐이다.

전문성을 넘어

내가 최초로 만들었던 팀은 실리콘밸리에서 이제 '페이팔 마피아 PayPal Mafia'로 통한다. 누가 성공적인 기술 기업을 창업하거나 투자할 때 아직도 너무나 많은 옛 동료들이 발 벗고 나서서 서로 도움을 주기 때문이다.

우리는 2002년에 15억 달러를 받고 페이팔을 이베이에 팔았다. 이후로 일론 머스크는 스페이스엑스를 설립하고 테슬라모터스Tesla Motors를 공동 설립했고, 리드 호프먼Reid Hoffman은 링크트인을 공동 설립했으며, 스티브 첸Steve Chen과 채드 헐리Chad Hurley, 자웨드 카림 Jawed Karim은 함께 유튜브YouTube를 설립했다. 제러미 스토플먼Jeremy Stoppelman과 러셀 시먼스Russel Simmons는 옐프Yelp를 설립했고, 데이비드 색스David Sacks는 야머Yammer를 공동 설립했으며, 나는 팰런티어를 공동으로 설립했다. 현재 이들 7개 기업은 다들 각각 10억 달러가 넘는다. 페이팔의 사무실 복지는 한 번도 언론의 주목을 받지 못했지만, 우리 팀은 함께 또 각자 아주 큰 성공을 거두었다. 이런 성과를 낼 수 있었던 것은 우리의 문화가 최초의 회사를 초월할 만큼 튼튼했던 덕분이다.

우리는 이력서를 꼼꼼히 검토하거나 단순히 가장 재능 있는 사람들을 고용해 마피아를 만든 것이 아니다. 그런 식으로 접근했을 때 어떤 결과가 나오는지는 뉴욕에 있는 로펌에서 근무할 때 나도 직접 목격한 적이 있다. 내가 함께 일했던 변호사들은 가치 있는 기업을 운영하고 있었고, 한 사람씩 따지면 매우 인상적인 사람들이었지만 이상하게도 그 안에서 서로의 관계는 튼튼하지 못했다. 하루 종일 함께 시간을 보냈지만, 사무실 밖에서는 서로 할 얘기가 별로 없는 사람들이 대부분인 것 같았다.

서로 좋아하지조차 않는 사람들과 왜 함께 일하는 걸까? 많은 사람들이 돈을 벌려면 이런 일은 어쩔 수 없는 희생이라고 여기는 것 같다. 하지만 사무실을 그저 직업적 관점으로만 보고, 거래를 하기 위해 프리랜서들이 들락거리는 곳이라고 여긴다면 서로를 차갑게 대하는 것보다도 오히려 못한 것이다. 그리고 그런 생각은 심지어 합리적이지도 않다. 장기적인 미래를 함께 그려가지 않는 사람들과 일하며, 우리의 가장 소중한 자산인 시간을 써버리는 것은 이상한 일이다. 직장에서 소중한 시간을 보내고 지속되는 관계가 남지 않는다면 결코 시간을 잘 투자한 것이 아니다. 순전히 금전적으로만 따지더라도 말이다.

처음부터 나는 페이팔이 거래 관계가 아니라 단단히 엮인 관계가 되길 바랐다. 나는 사람들 사이의 관계가 튼튼해지면, 단순히 사무실에서만 더 행복하고 잘하게 되는 것이 아니라 페이팔을 넘어 우리의 커리어에서도 더욱 성공할 수 있을 거라고 생각했다. 그래서 처음부터 우리는 실제로 즐겁게 함께 일할 수 있는 사람들을 채용했다. 재능도 있어야 하지만, 특히 '우리'라는 사람들과 함께 일하는 것을 신나게 생각해야 했다. '페이팔 마피아'는 그렇게 시작되었다.

작당 공모자 모집

어느 회사든지 채용은 그 회사의 핵심 능력이다. 채용만큼은 절대로 아웃소싱해서는 안 된다. 단순히 서류상으로만 유능한 사람이 아니라 채용된 후에 응집력 있게 협업할 수 있는 사람을 뽑아야 한다. 처음에 4~5명까지는 큰 지분이나 책임 있는 고위직을 매력적으로 생각할 수도 있다. 하지만 이런 뻔한 제안들보다 더 중요한 것은 다음의 질문에 대한 답이다. '20번째 직원은 왜 우리 회사에 합류할까?'

재능 있는 직원들은 우리를 위해서 일할 '필요'는 없다. 그들에게는 선택권이 많기 때문이다. 따라서 이 질문을 좀 더 예리하게 다듬으면 이렇게 된다. '더 많은 연봉과 명예를 얻으며 구글에서 일할 수도 있는 사람이 우리 회사에 20번째 엔지니어로 들어올 이유가 무엇일까?'

나쁜 대답을 몇 가지 제시하면 이런 것들이다. "다른 곳보다 스톡옵션의 가치가 높으니까." "세상에서 가장 똑똑한 사람들과 일하게 될 거니까." "세상에서 가장 어려운 문제를 푸는 데 이바지할 수 있으니까." 스톡옵션이나 똑똑한 사람들, 어려운 문제가 잘못되었을까? 잘못된 것은 없다. 다만 모든 회사가 똑같이 이렇게 답하기 때문에 우리 회사가 두드러져 보이지 않는다는 게 문제다. 일반적이고 차별화되지 않는다는 이야기는 다른 많은 회사가 아닌 우리 회사에 들어와야 할 이유가 되지 못한다.

좋은 대답은 회사마다 다를 것이기 때문에 이 책에 있지 않다. 그래도 일반적으로 좋은 대답이 될 수 있는 두 가지 유형이 있다. 회사의 미션에 관해 이야기하거나 우리 팀에 관해 이야기하는 것이다. 회사의 미션이 가진 설득력을 설명할 수 있다면 직원들을 끌어들일 수 있을 것이다. 일반적인 중요성을 말하는 것이 아니라 아무도 하지 않고 있는 중요한 일을 왜 우리가 하고 있는지 설명할 수 있어야 한다. 우리 회사의 고유한 중요성이 될 수 있는 것은 그것뿐이다. 페이팔의 경우 달러화를 대체할 수 있는 새로운 디지털 통화를 만든다는 아이디어에 흥분되는 사람이라면 우리로서는 대화를 해보고 싶었고, 그렇지 않다면 우리가 찾는 사람이 아니었다.

하지만 위대한 미션마저도 충분하지는 않다. 가장 열정적으로 일할 직원이라면 이런 의문 역시 가질 것이다. '이 사람들이 과연 내가 함께 일하고 싶은 종류의 사람들일까?' 우리 회사가 왜 그에게 개인적으로도 특별히 더 맞는 회사인지를 설명할 수 있어야 한다. 그럴수 없다면 그 사람은 우리 회사에 딱 맞는 사람이 아닐 것이다.

그리고 무엇보다 특전을 가지고 씨름하지 마라. 공짜 세탁물 수거 서비스나 애완동물 위탁 서비스에 더 강하게 흔들릴 사람이라면 팀에 넣을 필요가 없을 것이다. 건강보험과 같은 기본적 사항을 보장한 다음, 그 누구도 약속할 수 없는 것을 약속하라. 훌륭한 사람들과 함께 특별한 문제에 관해 아무도 대신할 수 없는 일을 할 기회 말이다. 연봉이나 특전을 가지고 2014년의 구글이 될 수는 없다. 하지만 회사의 미션과 팀에 관한 훌륭한 답변을 갖고 있다면 1999년의 구글이 될 수는 있을 것이다.

실리콘밸리의 후드티

'외부에서 봤을 때 모든 직원은 같은 방식으로 달라야 한다.'

동부 사람들은 직종에 따라 다들 스키니진이나 줄무늬 양복을 입겠지만, 이곳 마운틴뷰나 팰로앨토의 젊은 사람들은 티셔츠를 입고 회사에 출근한다. 기술직이라고 해서 옷에 신경 쓰지 않는다고 생각한다면 고정관념이다. 그 티셔츠들을 자세히 들여다보면 모두 자기 회사 로고가 쓰여 있다. 기술직들은 이런 것에 아주 많이 신경 쓴다.

외부에서 봤을 때 신생기업의 직원들을 즉시 구분하게 해주는 것이 브랜드가 박힌 티셔츠나 후드티들이다. 이 옷들은 그 사람을 동료들과 똑같이 보이게 만든다. 신생기업의 유니폼은 '회사 내의 모든 사람은 같은 식으로 달라야 한다'라는 간단한 핵심 원칙 한 가지를 한눈에 보여주고 있다. 같은 생각을 가진 사람들이 하나의 부족원이 되어 회사의 미션을 향해 맹렬히 헌신해야 한다.

페이팔의 공동 창업자인 맥스 레브친은 신생기업들은 개인적으로 최대한 비슷한 사람들로 초기 직원을 구성해야 한다고 말한다. 신생기업은 자원이 제한되어 있고 팀의 크기도 작다. 살아남으려면 반드시 빠르고 효율적으로 일해야 하는데, 모두가 비슷한 세계관을 공유하고 있으면 그렇게 하기가 더 쉬울 것이다.

페이팔의 초기 구성원들이 협업이 잘되었던 것은 우리가 모두 같은 종류의 괴짜들이었기 때문이다. 우리는 다들 SF를 좋아했다. 《크립토노미콘Cryptonomicon》(암호를 해독하는 해커들이 등장하는 닐 스티븐슨 Neal Stephenson의 소설—옮긴이)은 필수 도서였고, 공산주의자들인 〈스타트렉〉보다는 자본주의자들인 〈스타워즈〉를 더 좋아했다. 그리고 가장 중요했던 것은 우리 모두 정부가 아닌 개인이 통제하는 디지털 화폐를 만드는 것에 사로잡혀 있었다는 점이다.

회사가 성공하려면 사람들이 어떻게 보이는지, 어느 나라에서 왔는지는 중요하지 않았다. 다만 새로 고용하는 사람들 역시 모두 이

일에 똑같이 사로잡혀 있어야 했다.

한 명당 한 가지 책임

'내부적으로 각 개인은 업무에 의해 확연히 구분되어야 한다.'

　신생기업에서 직원들에게 책임을 분배할 때 처음에는 각자의 재능과 업무를 효율적으로 서로 짝지어주는, 간단한 최적화 문제로 생각하고 접근할 수도 있다. 하지만 어찌어찌하여 이 과제를 완벽하게 제대로 해냈다고 하더라도 그 해결책은 금세 무너져버릴 것이다. 부분적으로 이는 신생기업의 경우 빠르게 움직여야 하기 때문에 각자의 역할이 오랫동안 변동 없이 유지될 수 없는 탓도 있다. 하지만 또 다른 이유도 있는데, 업무 분배가 단순히 직원과 업무 사이의 관계가 아니라 직원과 직원 사이의 관계이기도 하기 때문이다.

　경영자로서 페이팔에서 내가 가장 잘한 일은 회사의 모든 사람이 오로지 한 가지 일에만 책임을 지게 한 것이었다. 모든 직원의 그 한 가지는 고유한 업무였고, 그래서 모든 직원은 내가 그 한 가지만을 기준으로 자신을 평가할 것이라는 사실을 알고 있었다.

　처음에 내가 이렇게 한 것은 그저 사람을 관리하는 일을 단순화하기 위해서였다. 하지만 지나고 보니 내가 생각했던 것보다 심오한 결과가 나타났다. 역할을 구분해주다 보니 충돌이 줄어들었던 것이다. 회사 내에서 싸움이 벌어지는 것은 대부분 같은 책임을 놓고 동료들끼리 경쟁할 때다. 신생기업에서는 이런 일이 벌어질 가능성이 특히 높은데, 왜냐하면 회사의 초기 단계에서는 업무 역할이 유동적이기 때문이다.

경쟁을 제거하면 모든 사람이 단순한 직업 관계를 넘어 장기적인 관계를 형성하기 쉬워진다. 게다가 신생기업은 내부 관계가 평화롭지 않으면 아예 살아남을 수가 없다. 신생기업이 실패하면 우리는 회사가 경쟁 생태계 내에서 다른 강적에게 무릎을 꿇었겠거니 생각하는 경우가 많다. 하지만 모든 회사는 그 자체가 하나의 생태계다. 파벌 다툼은 회사가 외부 위협에 취약해지게 만든다. 내부 갈등은 자가 면역질환과 비슷하다. 사망의 기술적 원인은 폐렴일지 몰라도 진짜 이유는 겉으로 보이는 것과 다를 수 있다.

광신 집단이 돼라

가장 열렬한 조직에서는 구성원들이 오직 소속 구성원들과만 어울린다. 가족도 무시하고 바깥세상을 저버린다. 그 대신 그들끼리는 강한 소속감을 경험하며 어쩌면 보통 사람들이 배척하는, 오직 몇 사람만 알고 있는 '진실'에 접근할 수 있을지도 모른다. 이런 조직을 우리는 '광신 집단cults'이라고 부른다. 온 몸과 마음을 바쳐 헌신하는 문화는 밖에서 보면 미친 것처럼 보이기 때문이다. 또 가장 악명 높았던 광신교들이 집단 자살하는 사례가 많았던 탓도 있다.

하지만 기업가라면 극도의 헌신적 문화를 진지하게 받아들여야 한
다. 일에 미적지근한 태도로 접근하는 것이 과연 정신적으로 건강하
다는 신호일까? 그저 직업적인 태도만 취하는 것이 유일하게 이성적
인 접근법일까? 광신 집단의 정반대는 액센처Accenture 같은 컨설팅 회
사다. 컨설팅 회사에는 뚜렷한 자체적 미션이 없을 뿐만 아니라 개별
컨설턴트들이 끊임없이 들락거린다. 회사에 대해 장기적 연결고리가
전혀 없기 때문이다.

모든 기업 문화는 다음과 같은 일직선상의 한 점으로 표시할 수 있
을 것이다.

컨설턴트   0에서 1을   광신 집단
(허무주의)   창조하는   (교조주의)
기업

최고의 스타트업은 조금 덜한 정도의 광신 집단처럼 보일 수도 있
다. 가장 큰 차이는 광신 집단은 뭔가 중요한 부분에 관해 광적으로
'틀린' 경향이 있다는 것이다. 성공하는 스타트업의 사람들은 외부
사람들이 놓친 무언가에 관해 광적으로 '옳다.' 이런 종류의 숨겨진
비밀은 컨설턴트를 통해서는 배울 수 없다. 따라서 기존의 전문가들
이 당신 회사를 이해하지 못한다고 해서 걱정할 필요는 없다. 광신
집단, 심지어 마피아라고 불리는 편이 차라리 낫다.

11

회사를 세운다고
고객이 올까

세일즈는 어디서나 볼 수 있지만 사람들은 그 중요성을 과소평가한다. 실리콘밸리는 더하다. 괴짜들의 고전 《은하수를 여행하는 히치하이커를 위한 안내서》를 보면 지구가 만들어진 것은 세일즈맨에 대한 적대감 때문이었다.

재앙이 임박해 원래의 고향을 버리고 떠나야 했을 때, 인류는 세척의 거대한 배를 나눠 타고 탈출한다. A선에는 사상가와 리더, 성공한 인물들이, B선에는 세일즈맨과 컨설턴트들이, C선에는 노동자와 장인들이 탑승한다. B선이 가장 먼저 출발하자 B선의 승객들은 모두 환호한다. 하지만 세일즈맨들은 자신들이 계략에 빠진 것을 알지 못한다. A선과 C선에 탑승한 사람들은 언제나 B선에 탄 사람들이 아무짝에도 쓸모없는 인간들이라고 생각했고, 그래서 이참에 그들을 제거하기로 작당을 한 것이었다. 그러다가 결국 B선은 지구에 착륙하게 된다.

가상의 세계에서는 '유통'이 중요하지 않을 수도 있지만, 우리가 사는 세계에서는 그렇지가 않다. 유통이란 제품을 팔기 위해 필요한 모든 것을 포괄하는 단어인데도 우리는 유통의 중요성을 과소평가한다. 그 이유는 우리가 A선과 C선의 사람들과 똑같은 편견을 갖고 있기 때문이다. 세일즈맨을 비롯한 '중개인'들은 방해가 될 뿐이고, 좋은 제품은 만들어내는 즉시 마법처럼 유통되어야 한다는 편견 말이다.

실리콘밸리는 특히 영화 〈꿈의 구장〉에 나오는 것 같은 자만심이 팽배한 곳이다. 공학도들은 근사한 물건을 파는 것보다는 만드는 쪽에 치우쳐 있다. 하지만 그런 물건을 만들었다고 해서 고객들이 저절로 찾아오는 일은 없다. 우리는 고객이 찾아오게끔 만들어야 하고, 이 작업은 보기보다 쉽지 않다.

안경 쓴 괴짜냐, 세일즈맨이냐

미국의 광고 산업은 60만 명 이상의 사람을 고용하고 있고, 연간 1,500억 달러 이상의 매출을 올린다. 4,500억 달러의 연매출을 올리는 미국의 세일즈 산업은 그보다도 더 크다. 미국인들 중 320만 명이 세일즈에 종사한다고 말하면 노련한 경영자들은 수치가 너무 낮은 것 아닌가 생각할 테지만, 공학도들은 기가 차서 한숨을 내쉴지도 모른다. 대체 그 많은 세일즈맨들이 무슨 일을 한단 말인가?

실리콘밸리의 안경 쓴 괴짜들은 광고나 마케팅, 세일즈에 대해 회의적이다. 피상적이고 비이성적으로 보인다는 이유 때문이다. 하지만 광고는 중요하다. 효과가 있기 때문이다.

광고는 괴짜에게도, 그리고 '우리'에게도 효과가 있다. 우리는 스스로를 예외라고, 나는 진짜인 것만 좋아한다고, 광고는 '다른' 사람들에게만 효과가 있다고 생각할 수도 있다. 뻔한 판매용 선전에 넘어가지 않는 것은 쉬운 일이고, 그래서 우리는 자신의 생각을 유지했다고 우쭐한 기분을 느낀다. 하지만 광고는 즉시 제품을 사가게 만들기 위해 존재하는 것이 아니다. 광고는 나중에 판매를 일으킬 수 있는 미묘한 인상을 심어주기 위해 존재한다. 광고가 자신에게 이런 효과를 미치고 있다는 사실을 인정할 수 없다면 두 번 속은 것이다.

괴짜들은 투명한 것에 익숙하다. 이들은 컴퓨터 프로그래밍 같은 기술적 부문에서 전문가가 되어 가치 창출에 이바지한다. 공학도들이 만들어내는 해법은 효과가 있거나 실패하거나 둘 중 하나다. 남이 한 일을 비교적 쉽게 평가할 수 있고, 겉모습은 별로 중요하지 않다.

그러나 세일즈는 정반대다. 세일즈는 밑바닥에 놓인 실체는 건드리지 않은 채 겉모습만 바꾸는 각종 캠페인들을 용의주도하게 전개한다. 이를 본 공학자들은 세일즈가 기본적으로 정직하지 않거나 아니면 최소한 사소한 일이라는 인상을 받는다. 공학도들은 자기 일이 힘들다는 것을 알고 있다. 그래서 판매 담당자들이 전화로 고객과 웃고 떠들거나 2시간씩 점심을 먹으러 나가면 일을 하지 않는 게 아닌가 의심한다. 하지만 사람들은 과학이나 공학의 상대적 어려움을 과대평가한다. 왜냐하면 이들 분야의 난관은 눈에 보이기 때문이다. 괴짜들이 놓치고 있는 부분은 세일즈를 쉽게 보이게 만들려면 아주 힘들게 일해야 한다는 점이다.

세일즈는 숨어 있다

세일즈맨들은 모두 배우다. 진정성보다는 설득력이 우선이라는 뜻이다. '세일즈맨'이라는 말이 모욕이 될 수 있고, 중고차 판매상이 미심쩍은 사람의 대명사가 되는 것은 그 때문이다. 하지만 이런 반응은 뻔한 수작의 서투른 세일즈맨에 대한 부정적 반응일 뿐이다. 즉 형편없는 세일즈맨의 사례라는 얘기다.

아마추어, 전문가, 장인에 이르기까지 세일즈 능력의 수준은 천차만별이다. 심지어 대가의 경지에 이른 사람들도 있다. 아직 세일즈의 대가大家를 한 번도 본 적이 없다면, 그건 실제로 접해본 적이 없어서가 아니라 그들의 기술이 너무 정교해 뻔히 눈앞에 있어도 보이지가 않기 때문이다. 톰 소여는 동네 친구들을 설득해서 자기 대신 울타리에 흰색 페인트를 칠하게 했다. 설득의 장인다운 모습이었다. 하지만 자신의 심부름을 대신하는 특권을 주는 대가로 친구들이 실제로 '돈을 내게' 한 것은 대가의 면모였다. 친구들은 전혀 눈치채지 못했다.

트웨인이 이 책을 쓴 1876년 이래 바뀐 것은 많지 않다.

연기와 마찬가지로 세일즈는 숨겨져 있을 때 가장 큰 효과를 나타 낸다. 유통과 관련된 직업(세일즈, 마케팅, 광고 등등)을 가진 사람들이 죄다 실제와는 무관한 직함을 가진 것은 바로 이 때문이다. 광고를 파는 사람은 '거래처 담당자'라고 부르고, 고객에게 일을 파는 사람 은 '비즈니스 개발'에 종사한다고 말한다. 회사를 파는 사람들은 '투 자 은행가'라고 부르며, 자기 자신을 파는 사람들은 '정치가'라고 부 른다. 이렇게 이름을 바꿔 부르는 데는 이유가 있다. 우리 중에 그들 의 설득에 넘어가고 있다는 사실을 새삼 깨닫고 싶은 사람은 아무도 없기 때문이다.

자신의 커리어가 무엇이든 세일즈 능력이 슈퍼스타와 낙오자를 가 른다. 월스트리트에서 신입들은 기술적 전문성을 발휘하는 '애널리 스트'로 시작하지만, 최종 목표는 거래를 성사시키는 딜메이커deal maker가 되는 것이다. 변호사들은 전문 자격증에 자부심을 느끼지만, 정작 로펌을 이끌어가는 것은 대형 고객들을 물어오는 수완가들이 다. 학문적 업적으로 권위를 자랑하는 대학교수들조차 스스로를 홍 보해 확실한 자기 분야를 만드는 사람들을 부러워한다.

역사나 영문학에 대한 학문적 아이디어들은 지적이라고 해서 저절 로 인기를 끌지는 않는다. 심지어 기초 물리학의 연구 과제나 암 연 구의 미래 방향이 정해지는 것도 설득의 결과물이다. 그런데도 비즈 니스를 하는 사람들조차 세일즈의 중요성을 과소평가하는 가장 근본 적인 이유는, 세상은 남몰래 세일즈에 의해 견인되고 있음에도, 모든 분야의 모든 수준에서 그런 사실을 숨기기 위한 체계적인 노력을 다하고 있기 때문이다.

공학도들은 항상 '저절로 팔릴 만큼' 훌륭한 제품을 만들려고 애쓴다. 하지만 실제 제품에 대해 이렇게 말하는 사람이 있다면 그는 틀림없이 거짓말을 하고 있는 것이다. (자기 자신에게 거짓말을 하면서) 착각하고 있는 사람이거나 (그렇게 생각하지 않으면서) 뭔가를 팔려는 사람인 것이다.

비즈니스의 세계에서는 흔히 정반대의 경우를 경고하는 의미로 이렇게 말한다. "최고의 제품이 반드시 이기는 것은 아니다." 경제학자들은 이것이 '경로 의존성path dependence' 때문이라고 말한다. 객관적 품질과는 무관한 특정한 역사적 환경이 어느 제품이 널리 수용될지를 결정할 수 있다는 것이다. 맞는 말이지만 그렇다고 해서 지금 우리가 사용하는 컴퓨터 운영체제나 키보드의 키 배열 방식이 순전히 우연에 의한 것이라는 뜻은 아니다. 유통은 오히려 제품의 디자인에 반드시 필요한 일부로 생각하는 것이 좋다. 새로운 무언가를 발명했지만, 효과적으로 팔 수 있는 방법을 발명하지 못했다면 사업성은 형편없는 것이다. 제품이 아무리 좋아도 소용없다.

제품을 어떻게 팔 것인가

뛰어난 세일즈와 유통은 그 자체로 독점을 만들어낼 수 있다. 심지어

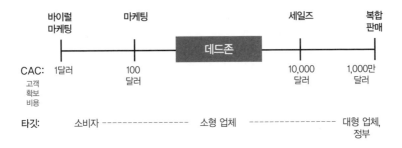

제품 차별성이 전혀 없더라도 말이다. 제품이 아무리 강력해도(기존의 습관에 딱 들어맞고, 직접 사용해본 사람은 즉시 좋아하게 된다고 해도) 강력한 유통 계획으로 뒷받침해줘야 한다.

이와 관련해 두 가지 지표가 효과적인 유통의 한계를 정해준다. 어느 한 고객과의 관계를 통해 평균적으로 벌어들이는 총 순이익(고객평생가치, Customer Lifetime Value)은 새로운 고객 한 명을 유치할 때 평균적으로 사용하는 금액(고객확보비용, Customer Acquisition Cost)보다 많아야 한다는 것이다. 일반적으로 제품의 가격이 높을수록 판매하는 데도 더 많은 돈을 써야 하며, 그렇게 하는 것이 합리적이다. 유통 방법을 연속선상에 표시해보면 다음과 같다.

복합 판매

상품의 평균 판매액이 100만 달러 이상이라면 모든 거래의 모든 세부 사항에 대해 직접 면밀한 관심을 기울여야 한다. 제대로 된 거래 관계를 발전시키려면 몇 달이 걸릴 수도 있고, 1, 2년에 한 번밖에 판매를 못할 수도 있다. 그다음에는 보통 계약이 끝난 후 오랜 뒤까지 제품의 설치와 서비스 등을 해줘야 할 것이다. 쉬운 일이 아니지만, 일부 가장 비싼 제품을 파는 데는 이런 종류의 '복합 판매'가 유일한 방법이다.

스페이스엑스의 경우가 대표적으로 그런 경우다. 일론 머스크는 로켓 회사를 차리고, 겨우 몇 년 만에 나사NASA를 설득해 10억 달러짜리 계약서에 사인하게 만들었다. 계약 기간이 끝난 우주 왕복선을 스페이스엑스에서 새로 개발한 우주선으로 교체하는 계약이었다. 대형 계약에서는 기술적 독창성 못지않게 정치적 이해 관계도 중요하므로 쉬운 계약이 아니었다.

스페이스엑스는 3,000명 이상의 직원을 대부분 캘리포니아에서 고용하고 있다. 미국의 전통적인 항공우주산업은 50개 주 모두에 걸쳐 50만 명 이상의 사람들을 고용하고 있다. 의원들이 자신의 선거구로 갈 연방 보조금을 포기하지 않으려고 할 것은 불을 보듯 뻔한 이치였다. 하지만 복합 판매는 매년 두세 개의 계약만 따내면 되었기 때문에 일론 머스크 같은 세일즈의 대가는 가장 중요한 사람들에게 집중적으로 시간을 쓸 수 있었고, 그 결과 타성에 젖은 정치까지 극복해냈다.

복합 판매가 가장 좋은 효과를 내는 것은 '세일즈맨'이 아예 없을 때다. 로스쿨 동기인 앨릭스 카프Alex Karp와 내가 공동으로 설립한 데이터 분석 회사인 팰런티어는 제품 판매만을 위한 직원을 따로 채용하지 않는다. 대신에 팰런티어의 CEO인 앨릭스는 한 달에 25일을 출장으로 보낸다. 기존 고객 혹은 고객이 될 수 있는 잠재 고객을 만나고 다니는 것이다. 팰런티어의 거래 규모는 한 건당 100만 달러에서 1억 달러에 이른다. 이 정도 규모면 바이어는 세일즈 담당 부사장이 아니라 CEO와 얘기하고 싶어 한다.

복합 판매 형태의 사업은 10년간 매년 50~100퍼센트의 성장을 보인다면 성공이다. 폭발적 성장을 꿈꾸는 기업가라면 이런 속도가 느리게 느껴질 것이다. 고객들이 이렇게 뛰어난 제품에 관해 알게 되면 매출이 즉시 10배로 뛸 거라고 기대하는 사람도 있을 것이다. 하지만 그런 일은 절대로 일어나지 않는다. 훌륭한 복합 판매 전략은 작은 규모로 시작할 수밖에 없다. 새 고객이 기존 고객들보다 더 큰 고객이 될 수는 있지만, 해당 기업이 이미 판매한 거래 규모를 훨씬 뛰어넘는 금액에 선뜻 사인하려는 고객은 잘 없기 때문이다. 회사의 제품을 성공적으로 사용하고 있는 고객 목록이 충분히 쌓이고 나면, 지금까지보다 훨씬 큰 계약을 성사시키기 위해 조직적이고 오랜 작업에 돌입할 수도 있을 것이다.

대인 판매

대부분의 판매는 특별히 복잡할 것이 없다. 평균 거래 규모는 1만 달러에서 10만 달러 사이일 것이고, 보통은 CEO가 직접 모든 판매를 하고 다닐 필요는 없을 것이다. 이 경우 해결해야 할 과제는 특정한 판매를 어떻게 성사시킬 것이냐가 아니라 작은 규모의 판매팀이 폭넓은 고객들에게 제품을 소개할 수 있게 프로세스를 어떻게 정착시킬 것이냐 하는 점이다.

2008년 박스는 기업들이 데이터를 안전하게 저장하고, 클라우드를 통해 접근할 수 있는 훌륭한 방법을 갖고 있었다. 하지만 사람들은 자신에게 그런 것이 필요하다는 사실을 잘 몰랐다. 클라우드 컴퓨팅이 아직 제대로 이해되지 못하고 있던 때였다. 이런 상황을 바꾸기 위해 회사는 그해 여름 블레이크를 세 번째 판매 담당자로 채용했다. 박스의 판매 담당자들은 파일 공유에 가장 심각한 문제를 겪고 있는 소그룹 이용자들부터 시작해 고객사 별로 이용자 수를 점차 늘려나갔다.

2009년 블레이크는 실험 데이터 로그를 쉽고 안전하게 저장할 방법이 필요했던 스탠퍼드 수면 클리닉의 연구진에게 작은 계정 하나를 팔았다. 현재 스탠퍼드대학교는 전 학생과 직원들에게 스탠퍼드 이름이 찍힌 박스 계정을 제공하고 있으며, 스탠퍼드병원은 박스로 운영된다. 박스가 처음부터 스탠퍼드의 학장을 상대로 대규모 종합 솔루션을 판매하려고 시도했다면 아마 아무것도 팔지 못했을 것이다. 복합 판매 전략을 취했다면 박스는 잊혀진 스타트업 실패 사례가 되었을 테지만, 대인 판매 전략이 박스를 수십억 달러짜리 회사로 키워놓았다.

때로는 제품 자체가 유통의 일종인 경우도 있다. 파운더스펀드의 포트폴리오에 포함된 회사 중 하나인 작닥ZocDoc은 온라인으로 병원을 예약할 수 있게 해준다. 작닥은 자신들의 예약망에 포함시켜주는 대가로 매달 의사들로부터 몇백 달러씩을 받는다. 작닥은 평균 거래 규모가 몇천 달러밖에 되지 않지만 많은 수의 판매 담당자가 필요하다. 정말 많은 판매 담당자가 필요하기 때문에 순전히 판매 담당자만을 뽑기 위한 채용팀이 회사 내에 따로 있을 정도다.

하지만 의사들을 상대로 대인 판매를 하는 것은 단순히 매출을 올리는 데 그치는 것이 아니다. 판매 담당자들은 작닥의 예약망에 의사들을 추가함으로써 자신들의 상품을 소비자들에게 더 가치 있게 만들고 있다(그렇게 소비자가 늘어나면 작닥은 의사들에게도 더 매력적인 서비스 회사가 된다). 매달 작닥의 서비스를 이용하는 사람만 이미 500만 명이 넘는다. 만약 작닥이 이대로 계속 규모를 키워서 개업 의사 대다수를 포함하게 된다면, 작닥은 미국의 헬스케어 산업을 뒷받침하는 다용도 기업이 될 것이다.

유통 부진

대인 판매(판매 사원이 당연히 필요하다)와 전통적 광고(판매 사원이 필요 없다) 사이에는 데드존dead zone이 있다. 편의점 주인들이 재고 상황을 파악해 주문을 넣을 수 있게 해주는 소프트웨어 서비스를 만들었다고 한번 생각해보자. 1,000달러짜리 제품임에도 구입할 만한 소형 업체와 연락이 닿을 수 있는 괜찮은 유통 채널이 없을 수도 있다. 뚜렷하게 전달할 수 있는 가치가 있다 한들 어떻게 해야 사람들이 들어줄

까? 광고는 너무 광범위하거나(편의점 주인들만 보는 TV 채널은 없다) 비효율적일 것이다(《편의점뉴스》에 광고를 내도 편의점 주인들이 선뜻 1년에 1,000달러를 쓰도록 설득하기는 어려울 것이다).

이 제품은 대인 판매가 필요하지만, 이 정도 가격으로는 예상되는 모든 고객에게 실제로 판매 사원을 보낼 만큼의 자원이 없다. 대형 회사들은 당연하게 받아들이는 수단들을 많은 중소 회사들이 사용하지 않는 것은 바로 이 때문이다. 작은 기업을 소유한 이들이 특별히 후진적이거나 좋은 수단이 없는 것이 아니라, 유통이 숨겨진 장애물이 되는 것이다.

마케팅과 광고

마케팅과 광고는 많은 대중에게 호소력이 있지만 특별한 바이럴 마케팅 수단이 부족한, 비교적 저가의 제품에 효과가 있다. 피앤지P&G는 판매 사원들에게 월급을 주면서 집집마다 방문해 세제를 팔게 할 수는 없다(P&G도 실제로 판매 담당자를 고용하지만, 그들은 식료품점 체인이나 대형 소매점을 상대한다. 이들 바이어는 세제를 한 번에 10만 개씩 사갈 수도 있기 때문이다). 포장 제품을 판매하는 회사는 최종 소비자에게 호소하기 위해 텔레비전 광고를 만들고, 신문에 쿠폰을 프린트하고, 사람들의 이목을 끌 수 있도록 제품 박스를 디자인한다.

신생기업에게도 광고가 효과를 발휘할 수 있지만, 다른 모든 유통 채널로는 고객확보비용과 고객평생가치가 경제성이 없을 때만 광고를 이용할 수 있을 것이다. 전자상거래 신생기업인 워비파커Warby Parker를 생각해보라. 워비파커는 감각적인 디자인의 처방전 안경을 소매 유통점이 아닌 온라인으로 판매하는 회사다. 각 안경이 100달러 내외니까 평균적으로 고객 한 명이 평생 동안 2~3개의 안경을 구매한다고 가정하면, 이 회사의 고객평생가치는 몇백 달러에 불과하다. 거래 하나하나마다 판매원이 붙기에는 너무 적은 가격이지만, 반대로 100달러짜리 실물로 된 제품은 바이럴 마케팅을 전개할 만한 종류도 아니다. 그래서 워비파커는 선전을 하고 재미난 TV 광고를 만들어 수백만 명의 안경 착용자들에게 비싸지 않고 더 예쁜 안경을 소개했다.

워비파커의 웹사이트에 가보면 'TV는 훌륭한 대형 확성기'라고 간단히 쓰여 있다. 새로운 고객 한 명을 확보하는 데 수십 달러밖에 쓸 수 없다면 제일 큰 확성기를 사용해야 할 것이다.

기업가들은 모두 눈에 띄는 광고 캠페인을 부러워하지만, 신생기업이라면 광고를 통해 대형 회사들과 끝없이 경쟁하고 싶은 유혹을 물리쳐야 한다. 가장 기억에 남는 광고를 만들고, 이목을 끄는 홍보 작전을 펼치겠다는 유혹 말이다.

나도 이런 경험이 있었다. 페이팔은 〈스타트렉〉에서 스코티 역할을 맡았던 제임스 두한James Doohan을 공식 대변인으로 고용한 적이 있었다. 첫 번째 팜파일럿용 소프트웨어를 출시한 우리는 저널리스트들을 초대한 후 제임스 두한이 이런 얘기를 들려주게 했다. "그동안 사람들을 여기저기로 쏘아(공간이동시켜)보았지만 돈을 쏘기는 처음이네요!" 행사는 완전히 실패했다. 실제로 이 행사를 취재하러 왔던 몇 안 되는 저널리스트들은 별 감동을 받지 못했다. 우리 팀은 모두 괴짜들이었기에 커크 선장보다는 기관장인 스코티가 얘기하는 것이 더 권위 있게 들릴 줄 알았다(커크 선장은 항상 무슨 세일즈맨처럼 낯선 현장에 도착해 실컷 폼만 잡았고, 그가 저질러놓은 실수들은 엔지니어들이 남아서 처리해야 했다).

하지만 우리가 틀렸다. 윌리엄 섀트너William Shatner(커크 선장 역할을 맡았던 배우)를 출연시킨 프라이스라인닷컴Priceline.com의 유명한 TV 광고 시리즈는 효과가 있었던 것이다. 그러나 당시 프라이스라인은 이미 대기업이었다. 초기 단계의 스타트업이 그렇게 큰 회사의 광고 예산에 대응할 방법은 없었다. 커크 선장은 정말로 독보적인 존재였다.

바이럴 마케팅

이용자들이 자기 친구들까지 초대해 이용자가 되게 만드는 것이 핵심 기능인 제품에는 바이럴 마케팅이 적합하다. 페이스북과 페이팔이 급속히 성장한 것도 바로 이런 방법을 통해서였다. 이용자들이 친구와 공유하거나 친구에게 지불을 할 때마다 자연히 더 많은 사람들이 네트워크에 들어오게 되었다. 이 방법은 비용이 많이 들지 않는 전략임과 동시에 확장 속도도 매우 빠르다. 새로운 이용자 한 명이 한 명 이상의 다른 이용자를 끌어올 수 있다면 기하급수적인 연쇄반응을 일으킬 수 있기 때문이다.

바이럴 마케팅이 이상적으로 전개되려면 최대한 빠르고 저항 없는 경로를 통해야 한다. 재미있는 유튜브 영상이나 인터넷 패러디가 아주 빠른 속도로 수백만 뷰를 돌파하는 것은 순환 주기가 극도로 짧기 때문이다. 새끼 고양이를 보고 마음이 훈훈해지면 몇 초 안에 친구들에게 재전송하게 된다.

페이팔의 최초 이용자는 24명이었고, 모두 페이팔 직원이었다. 배너 광고를 통해 고객을 확보하는 것은 돈이 너무 많이 들었다. 그래서 우리는 회원가입을 하면 현금을 지급하고, 친구들을 소개하면 추가 현금을 주는 방식을 사용했고, 그 결과 어마어마한 성장을 거뒀다. 이 전략은 고객당 20달러의 비용이 드는 대신 매일 7퍼센트의 성장을 이끌어냈다. 페이팔의 사용자 기반은 열흘마다 2배가 되었다. 네다섯 달 만에 우리는 수십만 명의 이용자를 갖게 되었고, 적은 수수료로 금전 이체 서비스를 제공함으로써 독자 생존이 가능한 훌륭한 회사를 세울 수 있는 기회를 얻었다. 결국 수수료 매출은 고객확보비용을 크게 웃돌았다.

시장의 가장 중요한 부분을 가장 먼저 점령하는 사람이 전체 시장의 라스트 무버가 된다. 페이팔은 마구잡이로 이용자들을 더 확보하고 싶지는 않았다. 우리는 가장 가치 있는 이용자들을 먼저 확보하고 싶었다. 이메일 기반의 결제 시장에서 가장 뚜렷한 세분 시장은 아직도 웨스턴유니언Western Union(우편환 등을 취급하는 송금 전문 업체—옮긴이)을 이용해 고향의 가족들에게 송금을 하고 있는 수백만 명의 이민자들이었다. 우리 제품은 그들의 송금 과정을 수월하게 만들어주었지만 거래횟수가 너무 부족했다.

우리는 돈이 더 빠르게 움직이는 더 작은 니치마켓niche market(틈새시장)이 필요했다. 그래서 찾아낸 것이 바로 이베이의 '파워셀러' 들이었다. 이들 직업적 판매상들은 이베이의 경매 시장을 통해 온라인으로 물건을 팔았는데, 그런 사람들이 2만 명이나 됐다. 그들 대부분이 매일 여러 건의 경매를 진행했고, 파는 것만큼 구매도 했으므로 결제가 계속 이어졌다. 이베이의 자체 결제 시스템은 끔찍한 수준이었기 때문에 이들은 매우 열광적인 얼리어답터가 되어주었다. 페이팔이 이 분야를 지배하고 이베이의 유일한 결제 플랫폼이 되고 나자 뒤쫓아오는 기업은 없었다. 이베이에서뿐만이 아니라 그 어디에서도 말이다.

유통에서 거듭제곱법칙

사업 종류를 막론하고 각 사업별로 위 방법 중 하나가 다른 것들보다 훨씬 더 강력한 효과를 발휘할 것이다. 유통 역시 자체적으로 거듭제곱법칙을 따르기 때문이다. 대부분의 기업가들은 보통 반대로 생각해서 더 많은 방법을 쓰면 더 많이 팔 수 있을 거라고 짐작한다. 하지만 주먹구구식으로 판매 담당자도 몇 명 고용하고, 잡지 몇 군데에 광고도 내고, 뒤늦게 바이럴 마케팅도 몇 가지 추가해서는 효과를 거둘 수가 없다.

대부분의 기업은 그 어느 유통 채널에서도 효과를 보지 못한다. 그렇다 보니 가장 흔한 실패의 원인은 제품이 나빠서가 아니라 세일즈를 못해서다. 유통 채널 하나만 효과적으로 운영하더라도 사업성은 밝다. 하지만 이것저것 시도하면서 하나도 제대로 성공하지 못한다면 사업을 접을 수밖에 없을 것이다.

제품 이외에 팔아야 하는 것들

회사는 제품 이상의 것을 팔아야 한다. 우리는 회사를 직원과 투자자에게 팔아야 한다. 훌륭한 제품은 저절로 팔린다는 거짓말의 'HR 버전'은 이런 것이다. '우리 회사는 너무 훌륭해서 사람들이 앞 다퉈 들어오려고 할 거야.' 투자금 모집 버전도 있다. '우리 회사는 너무 훌륭해서 투자자들이 서로 달려들 거야.' 실제로 이렇게 된다면 정말 좋겠지만 그런 일은 좀처럼 벌어지지 않는다. 철저히 계산된 직원 모집과 물밑 작업이 없다면 말이다.

회사를 미디어에 파는 것은 다른 모든 이들에게 회사를 팔기 위해 꼭 필요한 부분이다. 본능적으로 미디어를 불신하는 안경 쓴 괴짜들은 미디어를 무시하려는 실수를 자주 저지른다. 하지만 유통 전략 없이 제품의 장점에만 기대어 사람들이 뛰어난 제품을 사가기를 기대할 수는 없는 것처럼, 홍보 전략 없이 사람들이 우리 회사를 칭찬해 줄 거라고 생각해서는 안 된다.

특정 제품은 바이럴 유통 전략이 있기 때문에 고객을 확보하는 데 미디어 노출이 필요 없다고 하더라도, 언론은 투자자와 직원들을 끌어모으는 데 도움이 될 수 있다. 회사가 채용할 만한 가치가 있는 유망한 직원이라면 그 직원도 나름 열심히 회사에 관해 알아볼 것이다. 그 직원이 포털에서 회사를 검색했을 때 무엇을 발견했는지, 혹은 못했는지는 회사가 성공하는 데 결정적으로 중요한 요소다.

모두가 팔아야 한다

안경 쓴 괴짜들은 유통을 무시할 수 있기를, 그리고 세일즈 담당자들이 다른 행성으로 꺼져버리기를 바랄지도 모른다. 누구나 자신의 마음은 자기가 스스로 정했고, 세일즈는 아무 영향도 미치지 못한다고 믿고 싶다. 그러나 이는 사실이 아니다. 직원이든, 창업자든, 투자자든 누구나 무언가는 팔아야 한다. 회사가 당신과 당신 컴퓨터 한 대로 구성된다고 해도 마찬가지다. 주변을 한번 둘러보라. 세일즈 담당자가 안 보인다면 당신이 세일즈 담당자가 되어야 한다.

12
사람과 기계,
무엇이 중요한가

성숙기에 접어든 여러 산업이 정체했을 때, IT 기술이 너무나 빠르게 발전했기 때문에 지금은 IT가 곧 '기술'과 동의어인 것처럼 되어버렸다. 이제 15억 명이 넘는 사람들이 주머니 크기의 기기로 전 세계 정보에 순식간에 접근한다. 몇십 년 전, 우주 비행사를 달에 보냈던 컴퓨터들보다 지금의 스마트폰 한 대가 몇천 배나 큰 처리 능력을 갖고 있다. 무어의 법칙이 계속 적용된다면 미래의 컴퓨터는 지금보다 더 강력해질 것이다.

인간의 고유한 영역이라고 생각했던 부분에서 컴퓨터는 이미 인간보다 나은 성과를 거두고 있다. 1997년 IBM의 딥블루Deep Blue 컴퓨터는 체스 세계 챔피언이었던 가리 카스파로프Garry Kasparov를 이겼다. 퀴즈쇼 〈제퍼디Jeopardy!〉의 역대 최고 참가자였던 켄 제닝스

Ken Jennings도 2011년 IBM의 왓슨Watson 컴퓨터에 무릎을 꿇었다. 그리고 구글의 무인 자동차는 이미 캘리포니아의 도로를 돌아다니고 있다. 레이싱 챔피언 데일 언하트 주니어Dale Earnhardt Jr.는 별로 위협을 느끼지 않지만, 〈가디언〉은 무인 자동차가 (전 세계 수백만 명의 개인 기사 및 택시 운전사들에게) "대량 실업을 몰고 올 수도 있다"라고 걱정한다.

누구나 미래에는 컴퓨터가 지금보다 더 많은 일을 할 거라고 예상한다. 컴퓨터가 너무 많은 일을 하는 나머지 이런 의문을 갖는 사람들도 있다. '30년 후에도 사람들이 할 일이 남아 있을까?' 벤처 투자자인 마크 앤드리슨Marc Andreessen은 피할 수 없는 일이라는 듯이 이렇게 말했다. "소프트웨어가 세상을 잡아먹고 있다." 역시 벤처 투자자인 앤디 케슬러Andy Kessler는 거의 신명이 난 듯한 목소리로 생산성을 높이는 최선의 방법은 "사람을 치우는 것"이라고 설명했다. 〈포브스〉는 좀 더 불안한 기색으로 독자들에게 "기계가 당신의 자리를 대신할 것인가?"라고 물었다.

미래 전문가들은 그 답이 '예스' 이기를 바라는 것처럼 보인다. 기술 반대주의자들은 기계에게 자리를 빼앗길 것이 너무나 걱정된 나머지 신기술 개발을 전면적으로 중단하자고 한다. 하지만 어느 쪽도 더 뛰어난 컴퓨터가 반드시 인간 노동자를 대체할 것이라는 그 전제에 대해서는 의문을 품지 않는다. 그러나 이는 잘못된 전제다. 컴퓨터는 인간의 보완물이지, 대체물이 아니다. 앞으로 수십 년 동안 가장 가치 있는 기업을 세울 기업가들은 인간을 한물 간 폐물로 만들려

고 시도하는 사람이 아니라 인간의 능력을 키워줄 방법을 찾는 사람
일 것이다.

대체냐, 보완이냐

15년 전에 미국의 노동자들은 멕시코의 값싼 대체 인력을 걱정했다.
일리 있는 걱정이었다. 인간은 실제로 서로를 대체할 수 있기 때문이
다. 지금 사람들은 로스 페로가 말했던 "썰물 빠지듯 일자리 빠져나
가는 소리"를 다시 듣게 될 수도 있다고 생각한다. 그러나 이번에는
티후아나의 값싼 공장이 아니라 텍사스 어딘가의 서버팜server farm(대
형 컴퓨터 서버들을 모아둔 대단위 시설—옮긴이)이 그 근원지일 것으로 여
긴다.

　미국인들이 가까운 미래의 기술을 두려워하는 것은 가까운 과거에
벌어졌던 글로벌화가 재현될 거라고 생각하기 때문이다. 하지만 상
황은 매우 다르다. 사람들은 일자리와 자원을 놓고 경쟁하지만, 컴퓨
터는 그 어느 것도 우리와 경쟁하지 않는다.

글로벌화는 대체를 의미한다

페로가 해외 경쟁에 관해 경고하고 나섰을 때, 조지 H. W. 부시나 빌
클린턴이나 할 것 없이 '자유무역'이라는 복음을 설교했다. 누구나

특정 직업에서는 상대적 강점을 갖고 있기 때문에 이론적으로는 사람들이 자신의 우위에 따라 특화한 다음 서로 교역할 때 경제의 부가 최대화된다. 실제로는 적어도 많은 노동자들에게는 자유무역이 과연 얼마나 효과가 있는지 완전히 명쾌하지는 않다. 교역으로 인한 이득이 최대가 되는 것은 비교 우위 사이에 격차가 클 때인데, 전 세계적으로 극히 적은 임금에 단순 노동 일자리를 기꺼이 원하는 노동자는 너무나 많기 때문이다.

사람들은 단순히 노동 공급의 측면에서만 경쟁하는 것이 아니라 똑같은 자원을 수요한다는 측면에서도 경쟁 관계다. 미국의 소비자들은 중국으로부터 값싼 장난감과 직물이 수입돼 이득을 보기도 하지만, 중국에 새로운 운전자들이 수백만 명이나 늘어나면서 휘발유 값이 올라가 손해를 보기도 한다. 상하이 사람들이 샥스핀을 먹든, 샌디에이고 사람들이 피시 타코를 먹든, 모든 사람은 음식이 필요하고 주거가 필요하다.

인간의 욕망은 최저 생활수준에서 멈추지 않으므로 글로벌화가 지속될수록 사람들의 수요는 더욱 늘어날 것이다. 이제야 겨우 기초 칼로리를 확보하게 된 수백만 명의 중국 농부들은 앞으로는 단지 곡류가 아닌 돼지고기에서 추가적인 칼로리를 확보하고 싶어 한다. 욕망의 융합은 꼭대기층에 있는 사람들 사이에 더욱 뚜렷하다. 상트페테르부르크에서 평양에 이르기까지 집권층들은 똑같은 와인 취향을 공유한다.

기술은 상호 보완을 의미한다

이제 사람인 노동자들로부터의 경쟁 대신 컴퓨터로부터의 경쟁 전망에 관해 생각해보자. 공급 측면에서 보면, 컴퓨터와 사람 사이의 차이는 사람들 간의 차이보다 훨씬 크다. 기본적으로 사람과 기계는 서로 잘하는 일이 다르다. 사람들에게는 '의도'라는 것이 있어서 우리는 계획을 세우고 복잡한 상황에서 결정을 내리지만, 반면에 어마어마한 양의 데이터를 처리하는 일은 그렇게까지 잘하지 못한다. 반면에 컴퓨터는 이와 정반대다. 컴퓨터는 데이터를 효율적으로 처리하는 데는 뛰어나지만, 인간이라면 누구나 아주 간단히 내릴 수 있는 기본적인 판단조차 하지 못해 쩔쩔 맨다.

이런 차이가 얼마나 큰지 이해하기 위해 구글의 또 다른 '사람 대신 컴퓨터' 프로젝트 하나를 생각해보자. 2012년에 구글의 슈퍼컴퓨터 중의 하나가 헤드라인을 장식한 일이 있었다. 해당 컴퓨터는 유튜브 영상에 있는 섬네일 1,000만 개를 훑어본 후 75퍼센트의 정확도로 고양이를 구분하는 법을 배웠다. 놀라운 일처럼 보이지만, 잘 생각해보면 인간의 경우 네 살짜리 꼬마들조차 완벽하게 해내는 일이다.

어떤 일에서는 값싼 노트북 컴퓨터가 가장 똑똑한 수학자도 이기지만, 또 어떤 일에서는 1만 6,000개의 CPU를 가진 슈퍼컴퓨터도 어린아이를 이기지 못한다. 이를 보면, 인간과 컴퓨터는 단순히 누가 더 강하고 약한 것이 아니라 질적으로 서로 완전히 다른 존재라는 것을 알 수 있다.

인간과 기계가 이처럼 극명하게 다르다는 것은 인간이 다른 인간

	(노동의) 공급	(자원의) 수요
글로벌화 (다른 인간)	대체: '세상이 평준화된다'	모방적인 소비 경쟁
기술 (더 나은 컴퓨터)	대부분 보완적	기계는 수요가 없다: 모든 가치는 인간에게 귀속된다

과의 교역에서 얻는 것보다 컴퓨터와 함께 일할 때 얻는 이득이 훨씬 크다는 것을 의미한다. 우리는 가축이나 램프와 교역하지 않듯이 컴퓨터와도 교역하는 것이 아니다. 그리고 이게 바로 핵심이다. '컴퓨터는 도구일 뿐 경쟁자가 아니다.'

　수요 측면을 보면 차이는 더욱 깊어진다. 산업화하고 있는 여러 나라의 국민들과는 달리 컴퓨터는 더 사치스러운 음식이나 캅 페라 해안가(호화 별장이 즐비한 프랑스 남부 지중해 연안의 휴양지—옮긴이)의 별장을 동경하는 일이 없다. 컴퓨터가 요구하는 것이라고는 얼마 되지 않는 전기가 전부다. 그나마도 컴퓨터는 전기를 '원할' 만큼 똑똑하지도 못하다. 문제들을 해결하기 위해 새로운 컴퓨터 기술을 개발하면, 우리는 고도로 특화된 교역 파트너로부터 효율성이라는 이점은 몽땅

취하면서도 자원을 놓고 경쟁할 필요는 없어진다. 제대로만 이해한다면, 기술은 글로벌화되고 있는 세상에서 우리가 경쟁에서 탈출할 수 있는 한 가지 방법이다. 점점 더 강력해질수록 컴퓨터는 인간을 대체하는 것이 아니라 보완할 것이다.

상호 보완적 비즈니스

컴퓨터와 인간의 상호 보완 관계는 단순히 거시적인 측면에서만 일어나는 것이 아니다. 위대한 기업을 만드는 데도 서로의 보완이 필요하다. 나는 페이팔에서의 경험을 통해 이 점을 이해하게 되었다.

2000년대 중반, 우리는 닷컴 붕괴 사태를 이겨내고 빠르게 성장하고 있었다. 하지만 우리 앞에는 커다란 문제가 하나 있었는데, 매달 신용카드 사기에 1,000만 달러 이상의 손실을 보고 있다는 점이었다. 우리는 1분에 몇백 건, 심지어 몇천 건의 거래를 처리했기 때문에 모든 거래를 일일이 확인할 수는 없었다. 그 어떤 품질관리팀도 그렇게 빨리 일할 수는 없었다.

그래서 우리는 공학도답게 대응했다. 해결책을 자동화한 것이다. 먼저 맥스 레브친이 수학자들로 엘리트 팀을 구성해서 사기성 송금을 꼼꼼히 연구했다. 그렇게 알게 된 사실을 바탕으로 실시간 및 자동으로 가짜 거래를 알아내고 취소할 수 있는 소프트웨어를 짰다. 그런데 이 접근법도 금세 소용이 없는 것으로 드러났다. 한두 시간 지나자 도둑들이 상황을 파악하고는 수법을 바꾸었던 것이다. 우리는 상황에 적응할 줄 아는 적을 상대하고 있었는데, 우리 소프트웨어는 그에 대응해 적응할 수가 없었다.

　적응한 사기꾼들은 우리의 자동화된 탐지 알고리즘을 비웃듯이 빠져나갔다. 하지만 우리는 사기꾼들이 우리 애널리스트들은 그렇게 쉽게 속이지 못하는 것을 발견했다. 그래서 맥스와 공학도들은 복합적 접근법을 채용해 소프트웨어를 다시 짰다. 잘 디자인된 유저 인터페이스 상에서 컴퓨터가 가장 의심스러운 거래들을 적발해내면, 사람인 운영자들이 그 적법성에 관해 최종 판단을 내리는 방식이었다. 이 복합 시스템(자신을 절대 막을 수 없을 거라고 우리에게 떠벌렸던 러시아 사기꾼의 이름을 따서 '이고르Igor' 라고 이름 붙였다) 덕분에 우리는 2002년 1/4분기에 첫 분기 이익을 기록할 수 있었다(1년 전에 2,930만 달러의 분기 손실을 냈던 것과 대조되었다). FBI에서 우리에게 금융 범죄를 탐지하는 데 이고르를 사용해도 되겠느냐고 물어왔다. 이 덕분에 맥스는 자신이 '인터넷 언더그라운드계의 셜록 홈즈' 라고 거창하게, 하지만 사실대로 자랑하고 다닐 수 있었다.

　이런 식의 인간–기계 공생 관계 덕분에 페이팔은 사업을 계속할 수 있었고, 그 덕분에 수십만 곳의 소규모 업체들도 우리의 결제 시스템을 이용해 인터넷 상에서 번창할 수 있었다. 인간–기계 해법을 찾아내지 못했다면 모두 불가능했을 일이었다. 대부분의 사람들은 이런 사연을 영영 모르겠지만 말이다.

　나는 2002년에 페이팔을 판 이후에도 이 문제에 대해 계속 생각해보았다. 인간과 컴퓨터가 각자 성취할 수 있는 것보다 함께했을 때 극적으로 더 훌륭한 결과를 달성할 수 있다면, 이 핵심 원칙을 이용해 만들 수 있는 가치 있는 기업은 어떤 게 있을까? 이듬해 나는 스탠퍼드대학교 동창인 앨릭스 카프와 소프트웨어 엔지니어 스티븐 코헨 Stephen Cohen에게 새로운 스타트업 아이디어에 관해 설명했다. 페이팔 보안 시스템의 인간-컴퓨터 복합 접근법을 이용하면 테러리스트들의 연락망과 금융사기도 알아낼 수 있을 거라고 말이다. 이미 FBI가 관심을 보인다는 것도 알고 있었다.

그렇게 해서 2004년 우리는 팰런티어를 설립했다. 사람들이 다양한 정보의 원천으로부터 어떤 통찰을 뽑아낼 수 있도록 도와주는 소프트웨어 회사였다. 팰런티어는 2014년에 10억 달러의 장부상 매출을 기록할 예정이다. 〈포브스〉는 정부가 오사마 빈 라덴을 찾아내는데 팰런티어가 도움을 주었다는 루머와 관련해 팰런티어의 소프트웨어를 '킬러 앱'이라고 불렀다.

그 작전과 관련해서는 말해줄 수 있는 세부 사항이 전혀 없다. 하지만 이것 한 가지는 분명히 말할 수 있다. 인간의 지능도, 컴퓨터의 지능도 혼자서는 우리를 안전하게 지켜줄 수 없을 것이라는 사실 말이다. 미국의 가장 큰 두 곳의 첩보기관은 서로 정반대의 접근법을 택하고 있다. CIA(미국 중앙정보부)는 인간에게 특권을 주는 스파이들이 운영한다. NSA(미국 국가안보국)는 컴퓨터를 우선시하는 장군들이 운영한다. CIA의 애널리스트들은 수많은 노이즈가 섞인 정보를 처리해야 하므로 가장 심각한 위협들을 찾아내기가 매우 어렵다. NSA의 컴퓨터들은 막대한 분량의 데이터를 처리할 수 있지만, 기계 혼자서는 누가 테러리스트 활동을 전개하고 있는지 권위 있게 판단하지 못한다.

팰런티어는 이런 상반되는 편향을 초월하는 것이 목표다. 팰런티어의 소프트웨어가 정부가 주는 데이터(예컨대 예멘의 급진파 지도자의 전화 기록 또는 테러 행위와 관련된 은행 계좌)를 분석해 수상쩍은 행위들을 골라내면 훈련된 애널리스트들이 다시 검토하는 것이다.

테러리스트를 찾는 것을 도운 것 외에도 팰런티어를 사용하는 애널리스트들은 아프가니스탄에서 반군이 사제폭탄을 어디에 심는지도 예측해냈고, 내부 거래를 한 고위직을 기소했고, 세계 최대의 아동 포르노 단체를 붙잡았다. 또 질병통제예방센터가 식중독에 맞서 싸우는 것을 도왔을 뿐 아니라, 고도의 금융사기 탐지를 통해서 매년 시중은행과 정부가 수억 달러를 절약하게 해주었다.

발전된 소프트웨어가 이런 일을 가능하게 했지만, 더 중요했던 것은 애널리스트와 검사, 과학자, 금융전문가 같은 사람들이었다. 이들이 적극적으로 참여하지 않았다면 소프트웨어는 아무 쓸모가 없었을 것이다.

오늘날 전문가들이 자기 직업에서 무슨 일을 하는지 생각해보라. 변호사들은 골치 아픈 문제들을 여러 가지 방식으로 해결할 수 있어야 하고, 이야기를 나누는 상대가 고객이냐, 상대 변호사냐, 혹은 판사냐에 따라 하는 말도 달라진다. 의사들은 자신이 가진 의학적 지식과 전문가가 아닌 환자와 소통하는 능력을 잘 결합해야 한다. 훌륭한 교사들은 단순히 자기 과목의 전문가인 것으로 끝이 아니라 학생들 각자의 관심과 학습 방식에 따라 지도하는 요령도 알아야 한다. 컴퓨터는 이런 일들 중 일부를 할 수 있겠지만, 이것들을 효과적으로 결합할 수는 없다. 법률과 의학, 교육에서 더 나은 기술이 나타난다고 해도 전문가들을 대체하지는 못할 것이다. 오히려 전문가들이 더 많은 것을 할 수 있게 도와줄 것이다.

링크트인이 채용 담당자들을 위해 했던 일이 바로 이것이었다. 2003년 링크트인이 설립되었을 때, 링크트인은 채용 담당자들에게 해결하고 싶은 어려움이 무엇이냐고 설문조사를 실시하지는 않았다. 그리고 채용 담당자들을 전면 대체할 수 있는 소프트웨어를 짤 생각도 없었다. 채용이란 부분적으로는 탐정 일이나 세일즈와 비슷하다. 지원자의 이력을 면밀히 조사하고 그들의 동기와 적합성을 평가한 다음, 가장 유망한 지원자들에게 입사하라고 설득해야 하는 것이다. 이 모든 기능을 컴퓨터로 효과적으로 대체한다는 것은 불가능했다.

그 대신 링크트인은 채용 담당자들이 일하는 방식을 변화시키기로 했다. 현재 채용 담당자들의 97퍼센트 이상이 링크트인을 이용한다. 링크트인은 지원자들을 물색할 수 있는 강력한 검색 및 필터링 기능을 제공하고 있고, 링크트인의 네트워크는 자신의 브랜드를 관리하고 싶은 수십만 명의 전문가들에게 가치를 창출하고 있다. 링크트인이 단순히 기술로 채용 담당자를 대체하려고 시도했다면 이미 오래전에 실패했을 것이다.

컴퓨터 과학이라는 이데올로기

그렇다면 왜 이토록 많은 사람들이 상호 보완의 힘에 따른 효과를 보지 못하는 것일까? 그 시작은 학교다. 소프트웨어 엔지니어들은 인간의 노력을 대신할 프로젝트를 구상하는 경향이 있다. 왜냐하면 그것이 그들이 훈련받은 내용이기 때문이다. 학자들은 전문화된 연구를 통해 명성을 쌓는다. 학자들의 제1목표는 논문을 출판하는 것이고, 논문이 출판되려면 특정 과목의 한계에 접근해야 한다. 컴퓨터 과학자들의 경우 이것은 인간의 능력을 특화된 여러 과업들로 쪼갠 다음, 훈련된 컴퓨터로 하나씩 정복하는 것을 의미한다.

요즘 가장 유행하는 컴퓨터 과학 분야만 살펴봐도 그렇다. '기계학습machine learning' 이라는 용어는 '대체replacement' 의 이미지를 떠올리게 한다. 기계학습을 지지하는 사람들은 컴퓨터를 가르쳐서 거의 모든 일을 수행하게 만들 수 있다고 믿는 것 같다. 충분한 훈련용 데이터만 제공할 수 있다면 말이다.

넷플릭스Netflix나 아마존을 이용하는 사람이라면 누구나 기계학습의 결과를 직접 경험해봤을 것이다. 두 회사는 모두 알고리즘을 사용해서 이용자의 클릭과 구매 이력에 기초한 상품들을 추천해준다. 데이터를 많이 제공할수록 추천 내용은 더 훌륭해진다. '구글 번역' 도 같은 방식으로 운영된다. 지원하는 80개 언어로 거칠고 조잡스럽지만 쓸 만한 번역을 제공할 수 있는 것은, 소프트웨어가 인간의 언어를 이해하기 때문이 아니라 거대한 말뭉치를 통계로 분석해 패턴을 추출해내기 때문이다.

컴퓨터가 인간을 대체해야 한다는 편견을 전형적으로 보여주는 또 다른 유행어는 '빅데이터big data' 다. 오늘날 기업들이 끝없이 데이터를 갈구하는 것은, 데이터가 더 많으면 항상 더 많은 가치를 창출할 수 있을 거라고 잘못 믿고 있기 때문이다. 하지만 빅데이터는 보통 아무짝에도 쓸모없는 데이터다. 컴퓨터는 사람이 찾아내지 못하는 패턴을 찾아낼 수 있지만, 서로 다른 출처로부터 패턴을 비교하거나 복잡한 행동을 해석할 줄은 모른다. 오직 인간인 애널리스트들(혹은 SF에서만 볼 수 있는 종류의 일반화된 인공지능)만이 쓸모 있는 통찰 결과를 찾아낼 수 있다.

우리가 빅데이터에 사로잡혀 있는 것은 기술을 신기한 것으로 생각하기 때문이다. 우리는 컴퓨터 혼자서 해낸, 별것 아닌 일들에는 감동하면서도 인간이 컴퓨터의 똑똑하지 못한 부분을 채워주며 이뤄낸 커다란 업적들은 무시한다. 왓슨이나 딥블루, 혹은 계속 발전하는 기계학습 알고리즘 같은 것들은 멋지다. 하지만 미래에 가장 가치 있는 기업들은 컴퓨터 혼자서 무엇을 해결할 수 있을지 묻지는 않을 것이다. 오히려 그들은 이렇게 물을 것이다. '어떻게 하면 인간이 어려운 문제를 해결할 수 있도록 컴퓨터가 도울 수 있을까?'

점점 더 똑똑해지는 컴퓨터는 친구일까, 적일까

컴퓨터의 미래는 알 수 없는 것들로 가득할 수밖에 없다. 흔히들 시리Siri나 왓슨처럼 점점 더 똑똑해지는, 인간 같은 로봇 지능이 앞으로 다가올 무언가의 조짐이라고 생각한다. 컴퓨터가 모든 질문에 답할 수 있게 되면, 이제 컴퓨터는 왜 자신들이 우리에게 복종해야 하는지 물을 거라고 말이다.

이렇게 대체론자들이 생각하는 논리적 종착점을 '강한 인공지능 strong AI'이라고 부른다. 모든 중요한 영역에서 컴퓨터가 인간을 무색하게 만들 것이라는 견해다. 물론 기술 반대주의자들은 이런 가능성에 대해 공포에 질린 반응을 보이고, 심지어 미래 전문가들까지 다소 불안을 느끼기도 한다. 강한 인공지능이 인류를 구해줄지 파멸시킬지 분명하지 않다고 말이다.

기술은 원래 자연에 대한 우리의 지배를 '증가' 시키고, 삶에서 우연의 역할은 '감소' 시켜야 한다. 그런데 인간보다 더 똑똑한 컴퓨터를 만든다면, 실제로 우연에게 다시 복수의 기회를 제공하게 될 수도 있다. 강한 인공지능이란 우주의 복권 같은 것이다. 우리가 당첨된다면 유토피아가 오는 것이고, 우리가 당첨되지 못하면 영화 〈터미네이터〉에 나오는 것처럼 우리는 사라지고 스카이넷(영화 〈터미네이터〉에서 인류를 멸망시키기 위해 터미네이터를 계속 과거로 보내는 미래의 슈퍼컴퓨터 ─옮긴이)이 그 자리를 대신하는 것이다.

하지만 강한 인공지능이 헤아리기 힘든 알 수 없는 진실이 아니라 실제로 가능한 일이라고 하더라도, 가까운 장래에 그런 일이 벌어지지는 않을 것이다. 컴퓨터가 인간을 대체할 걱정은 22세기에 가서 해도 된다. 먼 미래에 대한 불명확한 두려움 때문에 지금 명확한 계획

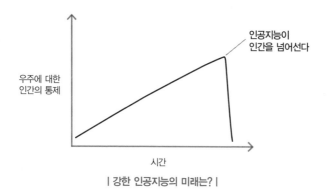

우주에 대한
인간의 통제

인공지능이
인간을 넘어선다

시간

| 강한 인공지능의 미래는? |

을 세우지 못해서는 안 된다. 기술 반대주의자들은 컴퓨터가 언젠가 인간을 대체할지도 모르기 때문에 컴퓨터를 만들면 안 된다고 주장한다. 반면에 열광적인 미래 전문가들은 우리가 컴퓨터를 만들어야 한다고 주장한다.

이 두 가지 입장은 서로 배타적이지만, 이것들이 가능성의 전부는 아니다. 두 입장의 중간쯤에는 분별력을 가진 인간이 수십 년 후에 훨씬 더 나은 세상을 만들 가능성도 아직 남아 있다. 컴퓨터를 활용할 새로운 방법들을 찾아낸다면, 컴퓨터는 단순히 인간이 이미 하고 있는 일만 더 잘할 수 있는 것이 아니라, 우리가 이전에는 상상조차 할 수 없었던 일을 할 수 있게 도와줄 것이다.

13

테슬라의
성공

21세기가 시작되었을 때, 차세대 '넥스트 빅 싱Next Big Thing'은 '청정기술'이라는 데 다들 동의했다. 그럴 수밖에 없었다.

베이징에서는 스모그가 너무 심해져서 이쪽 건물에서 저쪽 건물이 보이지 않았고, 숨 쉬는 것조차 건강을 위협했다. 방글라데시는 〈뉴욕타임스〉가 '사상 최악의 단체 독살'이라고 부른 비소가 포함된 우물 때문에 고생하고 있었다. 미국에서는 허리케인 이반과 카트리나가 앞으로 다가올 지구 온난화로 인한 대파괴의 전조로 거론되었다. 앨 고어AI Gore는 우리가 '전쟁 때 동원했던 것과 같은 긴박함과 의지를 가지고' 이 문제를 해결해야 한다고 간언했고, 사람들은 바빠졌다. 기업가들은 수천 개의 청정기술 기업들을 세웠고, 투자자들은 거기에 5,000억 달러가 넘는 돈을 쏟아 부었다. 그렇게 세계를 깨끗하게 만들기 위한 여정이 시작되었다.

아무 효과가 없었다. 지구가 더 건강해지기는커녕 심각한 청정기술 버블만 형성되었다. 솔린드라Solyndra는 가장 유명한 '녹색 유령'이 되었고, 대부분의 청정기술 기업들은 비슷한 재앙으로 끝이 났다. 2012년 한 해에만 40곳 이상의 태양광 제품 회사가 문을 닫거나 파산 신청을 했다. 대체에너지 기업의 선행 지수는 버블이 얼마나 극적으로 꺼졌는지를 보여준다.

청정기술은 왜 실패했을까? 보수적인 사람들은 자신이 이미 그 답을 알고 있다고 생각한다. 그린에너지green energy가 정부의 우선순위가 되자마자 이미 독약이 뿌려졌다는 것이다. 하지만 에너지를 우선 추진 사항으로 삼은 데는 그럴 만한 이유가 정말로 있었다(이것은 지금

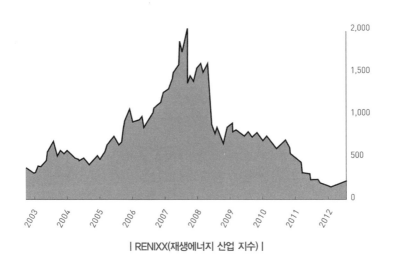

| RENIXX(재생에너지 산업 지수) |

도 마찬가지다). 그리고 우리가 꼭 알아야 할 청정기술에 관한 진실은
정부의 실패보다 더 복잡한 이유가 있고, 더 중요한 일이다. 대부분
의 청정기술 기업이 도산한 이유는, 모든 기업이 반드시 답해봐야 할
일곱 가지 질문 중 한 가지 이상을 소홀히 했기 때문이다.

1. **기술**
   점진적 개선이 아닌 획기적 기술을 만들어낼 수 있는가?

2. **시기**
   이 사업을 시작하기에 지금이 적기인가?

3. **독점**
   작은 시장에서 큰 점유율을 가지고 시작하는가?

4. **사람**
   제대로 된 팀을 갖고 있는가?

5. **유통**
   제품을 단지 만들기만 하는 것이 아니라 전할 방법을 갖고 있는가?

6. **존속성**
   시장에서의 현재 위치를 향후 10년, 20년간 방어할 수 있는가?

7. **숨겨진 비밀**
   다른 사람들은 보지 못하는 독특한 기회를 포착했는가?

이들 요소에 대해서는 앞에서 이미 이야기했다. 어떤 산업에 종사
하든 훌륭한 사업 계획을 세우려면 이 질문들에 대해 답을 해봐야 한

다. 좋은 답을 갖고 있지 않다면 많은 '불운'을 만나게 될 것이고, 사업은 실패할 것이다. 일곱 가지 모두를 제대로 공략한다면 운명을 지배하고 사업을 성공시킬 수 있을 것이다. 대여섯 가지만 제대로 답해도 성공할지 모른다. 하지만 청정기술 버블 사태를 보며 놀라운 점은, 사람들이 훌륭한 답을 한 가지도 갖고 있지 않으면서도 회사를 세웠다는 점이다. 마치 기적이 일어나기를 바란 것처럼 말이다.

특정 청정기술 회사가 정확히 왜 실패했는지는 알기 어렵다. 대부분의 회사가 심각한 실수를 여러 가지 저질렀기 때문이다. 이런 실수 중 '단 한 가지'만 저질러도 회사는 충분히 망할 수 있다. 그러니 이들의 실패담을 좀 더 자세히 들여다보자.

기술

위대한 기술 기업은 가장 가까운 대체 기술보다 10배는 뛰어난 독자 기술을 갖고 있어야 한다. 하지만 청정기술 기업들은 10배는 고사하고 2배의 개선을 이룬 경우도 거의 없었다. 때로는 대체하려는 제품보다 실제로 '못한' 제품을 내놓는 경우도 있었다.

솔린드라는 참신하게도 원통형 태양전지를 개발했지만, 원통형 전지는 평면 전지보다 어림잡아 π분의 1배의 효율밖에 나지 않았다. 평면 전지만큼 직사광을 받지 못하는 것이다. 솔린드라는 이런 결함을 바로잡기 위해 거울을 이용해 더 많은 태양광을 반사시켜 태양 전지

판의 하단을 데워보려고 했다. 하지만 처음부터 훨씬 열등하게 시작한 것을 회복하기란 쉽지 않았다.

기업들은 10배의 개선을 이루려고 노력하지 않으면 안 된다. 점진적 개선은 최종 사용자 입장에서는 전혀 개선으로 느껴지지 않는 경우가 많기 때문이다. 예를 들어 기존 기술보다 20퍼센트가 더 효율적인 풍력발전 터빈을 개발했다고 치자. 실험실에서 테스트했을 때 그 정도가 나왔다는 얘기다. 얼핏 훌륭하게 들리겠지만, 이 정도의 실험 결과로는 실제로 새로운 제품을 내놓았을 때 맞닥뜨리게 될 비용이나 위험 요소를 전혀 상쇄할 수 없다. 그리고 새 시스템이 정말로 그 제품을 구매한 고객에게 20퍼센트가 우수하다고 하더라도, 막상 새 제품을 팔려고 하면 과장된 주장에 워낙 익숙한 사람들이 회의적인 태도를 보일 것이다. 새 제품이 10배가 훌륭할 때만 고객에게도 제품이 명백히 우월하다는 주장을 펼칠 수 있다.

시기

청정기술 회사를 세운 기업가들은 약속된 시기가 왔다고 스스로를 열심히 설득해야 했다. 스펙트라와트SpectraWatt의 CEO 앤드루 윌슨Andrew Wilson은 2008년 새로운 회사를 발표하면서 이렇게 말했다. "태양광 산업은 1970년대 말 마이크로프로세서 산업과 비슷한 위치에 서 있습니다. 많은 것들이 밝혀지고 개선될 것입니다." 뒷부분은 맞는 얘기였지만, 마이크로프로세서에 비유한 것은 한참 빗나간 것이었다. 마이크로프로세서는 1970년에 첫 번째 제품이 만들어진 후 단순히 빠르게 발전한 것이 아니라 기하급수적으로 발전했다.

인텔의 초기 제품 출시 역사를 한번 살펴보자.

세대	프로세서 모델명	출시연도
4비트	4004	1971
8비트	8008	1972
16비트	8086	1978
32비트	iAPX 432	1981

반면에 첫 실리콘 태양전지는 1954년 벨 연구소에서 만들어졌으나, '반세기'가 넘게 지나서야 윌슨의 언론 보도 자료가 나왔다. 그 사이 수십 년 동안 광발전 효율성은 느리게 선형적으로 개선되었다. 벨 연구소의 첫 번째 태양전지는 6퍼센트의 효율성을 갖고 있었는데, 지금의 결정 실리콘 전지나 현대적인 박막 전지도 이 분야에서 25퍼센트의 효율성을 넘지 못했다. 2000년대 중반에 도약이 임박했다는 것을 알릴 만한 공학적 발전은 거의 없었다.

천천히 움직이는 시장에 진입하는 것도 좋은 전략이 될 수 있다. 하지만 이는 시장을 차지할 명확하고 현실적인 계획이 있을 때만 가능한 얘기다. 실패한 청정기술 기업들은 어떤 계획도 갖고 있지 않았다.

독점

2006년 억만장자 기술 투자자인 존 도어John Doerr는 "녹색이 새로운 빨강이자 흰색이고 파란색"이라고 선언했다. 차라리 그냥 '빨강'이라고 했으면 좋았을 것이다. 도어 스스로가 말했듯이 "인터넷 시장은 수십억 달러 시장이고, 에너지 시장은 수조 달러 시장이다." 도어가 말하지 않았던 부분은 수조 달러의 거대 시장은 가차 없는 유혈 경쟁을 뜻한다는 점이다.

다른 사람들도 도어와 같은 말을 계속해서 반복했다. 2000년대에 나는 수십 명의 청정기술 사업가들이 장밋빛 전망의 프레젠테이션을 시작하며 수억 시장을 들먹이는 것을 들었다. 그들은 마치 그게 좋은 일인 양 말했다.

청정기술 사업가들은 이 시장이 누가 와도 될 만큼 포상금이 큰 시장이라고 강조했다. 그러면서도 하나같이 다들 '자신의' 회사에 우위가 있다고 믿었다. 2006년 태양광 업체 미아솔레MiaSolé의 CEO 데이브 피어스Dave Pearce는 의회에서 받은 질문에 자신의 회사가 특정 종류의 박막 전지를 개발하고 있는 '아주 유력한' 신생기업 중 하나라고 말했다. 몇 분 후, 피어스는 미아솔레가 1년 내에 '세계 최대의 박막 태양전지 생산자'가 될 거라고 예측했다. 그런 일은 일어나지 않았지만, 어쩌면 그 편이 그들에게는 더 나은 일이었는지도 모른다. 왜냐하면 박막 전지는 열 가지도 넘는 태양전지 중 한 종류에 불과하기 때문이다.

소비자들은 어느 제품이 특정 문제를 뛰어나게 해결해주지 않는 이상, 특정 기술에는 관심이 없다. 작은 시장에서 특별한 해법을 독점할 수 없다면 곧 치열한 경쟁에 발목이 잡힐 것이다. 미아솔레에도 그런 일이 일어났고, 2013년 이 회사는 수억 달러에 인수되었다. 투자자들이 그동안 투입한 돈보다 적은 액수였다.

자기 제품의 특별함을 과장한다면 독점에 대한 질문에 제대로 답할 수 없다. 예컨대 어느 태양광 회사가 태양전지 시스템 수백 개를 성공적으로 설치했고, 그 발전능력을 모두 합하면 100메가와트가 된다고 치자.

미국 전체의 태양에너지 발전능력은 총 950메가와트이므로 이 회사는 시장의 10.53퍼센트를 소유하고 있다. 이 회사는 스스로 비중 있는 시장 참가자가 되었다면서 축배를 들 것이다.

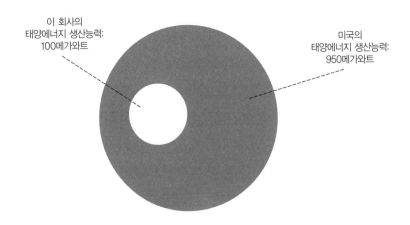

이 회사의
태양에너지 생산능력:
100메가와트

미국의
태양에너지 생산능력:
950메가와트

하지만 관련 시장이 미국의 태양에너지 시장이 아니라면 어떻게 될까? 관련 시장이 18기가와트의 생산능력을 가진 '전 세계' 태양에너지 시장이라면? 그러면 이 회사의 발전능력은 실제로 피라미 수준에 불과하다. 시장 점유율이 갑자기 1퍼센트 밑으로 떨어지는 것이다.

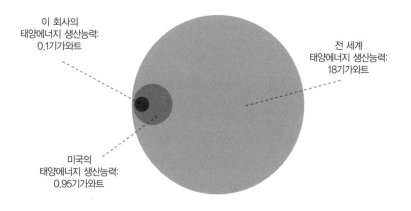

이 회사의
태양에너지 생산능력:
0.1기가와트

전 세계
태양에너지 생산능력:
18기가와트

미국의
태양에너지 생산능력:
0.95기가와트

그런데 적절한 기준이 전 세계 태양에너지도 아니고 재생에너지 '일반'이라면 다시 어떻게 될까? 전 세계 재생에너지 연간 전력 생산 능력은 420기가와트다. 그러면 이 회사의 점유율은 다시 0.02퍼센트로 줄어든다. 이를 다시 전 세계 총 발전능력인 1만 5,000기가와트와 비교한다면 이 회사의 발전능력 100메가와트는 바닷물 가운데 물방울 하나에 지나지 않는다.

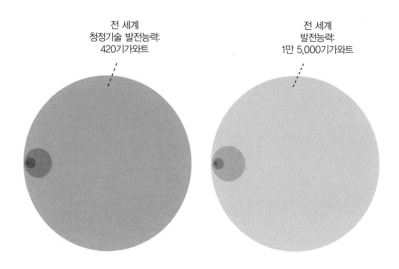

청정기술 사업가들의 시장에 대한 생각은 불쌍할 만큼 오락가락했
다. 그들은 차별화되는 것처럼 보이기 위해 자신들의 시장 크기를 과
장되게 줄였다가도, 수익성이 큰 거대 시장이라는 점을 평가해달라
고 했다. 하지만 하위 시장이 허구의 시장이라면 그 시장을 지배할
수는 없다. 그리고 거대 시장은 쉽게 차지할 수 있는 시장이 아니라
경쟁이 치열한 시장이다. 대부분의 청정기술 기업 창업자들은 차라
리 팰로앨토 시내에 새로운 영국 식당을 여는 편이 나을 뻔했다.

사람

에너지 문제는 공학적인 문제이므로 청정기술 기업을 운영하는 사람들은 안경 쓴 괴짜들이겠거니 생각할 것이다. 하지만 틀렸다. 실패한 청정기술 기업들을 운영한 사람들은 충격적이게도 기술과는 무관한 팀들이었다. 이런 세일즈맨 타입의 경영자들은 자금을 모집하고 정부 보조금을 확보하는 데는 뛰어나지만, 고객들이 사고 싶은 물건을 만드는 데는 그렇게까지 뛰어나지 못하다.

파운더스펀드에 있던 우리도 이런 사태가 다가오는 것이 눈에 보였다. 가장 분명한 단서는 옷이었다. 청정기술 기업의 경영자들은 양복에 넥타이를 매고 돌아다녔다. 아주 큰 적신호였다. 진짜 기술 전문가들은 티셔츠에 청바지를 입고 다니기 때문이다. 그래서 우리는 '창업자가 미팅에 양복을 입고 나타나는 회사는 제외한다' 라는 일반 규칙을 정했다. 아마 우리가 시간을 내서 각 회사의 기술을 상세히

| 솔린드라의 CEO 브라이언 해리슨Brian Harrison(왼쪽)과
테슬라모터스의 CEO 일론 머스크(오른쪽) |

평가했더라도 여전히 이런 형편없는 투자는 피했을 것이다. 그렇지만 우리 팀의 통찰('양복을 입는 기술 기업 CEO에게는 투자하지 마라')은 우리가 훨씬 빠르게 진실에 도달하게 해주었다.

최고의 세일즈는 숨어 있다. 제품을 팔 수 있는 CEO가 잘못된 것은 아니지만, 실제로 세일즈맨처럼 '보인다면' 세일즈를 잘하는 사람은 아닐 것이고 기술은 더 모를 것이다.

유통

청정기술 기업들은 정부와 투자자들의 환심을 사는 데는 성공했지만, 고객에 대해서는 잊어버린 경우가 많았다. 그들은 세상은 실험실이 아니라는 사실을 힘들게 배워야 했다. 제품을 전하고 파는 것은 적어도 제품 자체만큼 중요하다.

이스라엘 전기 자동차 신생기업인 베터플레이스Better Place를 보면 알 것이다. 베터플레이스는 2007년부터 2012년까지 8억 달러 이상의 자금을 모집하고 사용하면서 전기차를 위한 교체 가능한 배터리팩과 충전소를 만들었다. 베터플레이스는 '심하게 오염을 일으키는 교통 기술에 대한 의존도를 줄여줄 친환경 대체 제품을 창조'하려고 했다. 그리고 실제로 창조했다. 적어도 1,000대는 말이다. 1,000대가 그들이 파산 신청을 하기 전까지 판매한 차량의 수였다. 그 정도라도 판 것이 대단한 일이었다. 왜냐하면 베터플레이스의 차들은 하나같이 고객이 구매하기 아주 힘든 차였기 때문이다.

먼저 고객들은 자신이 무엇을 사는지 알기가 매우 힘들었다. 베터플레이스는 르노자동차에서 세단을 구매해 전기 배터리와 모터를 장착했다. 그러면 르노의 전기차를 사는 걸까, 베터플레이스의 차를 사는 걸까? 어느 쪽이 되었건 일단 사기로 결정을 해도 넘어야 할 장애물이 많았다. 먼저, 베터플레이스의 승인을 받아야 했다. 그러려면 고객은 자신이 베터플레이스의 배터리 교체소와 충분히 가깝게 살고 있다는 사실을 증명해야 했고, 정해진 길을 다니겠다고 약속해야 했다. 이 관문을 넘고 나면 차량에 재충전을 하기 위해 연료 구입 회원으로 등록을 해야 했다. 그러고 나면 이제 중간중간 길에서 멈춰 배터리를 교체하는 새로운 습관을 들여야 했다.

베터플레이스는 자신들의 기술이 저절로 팔릴 거라고 생각했다. 그래서 굳이 제대로 된 마케팅을 펼칠 생각을 하지 않았다. 이 회사의 실패에 낙담한 어느 고객은 이렇게 물었다. "왜 텔아비브(이스라엘의 도시)에 광고판이라도 설치하지 않았을까요? 토요타Toyota 프리우스Prius 사진 옆에 이 차 사진을 넣어놓고 같은 16만 세겔의 휘발유면 4년을 더 운전할 수 있다고 써놓았으면 될 텐데요."

이 사람은 마케팅 없이도 베터플레이스의 차를 구입했지만, 대부분의 사람들과는 달리 이 사람은 '무슨 수를 써서든 이 차를 계속 운전할 요량으로' 취미로 이 차를 구입한 사람이었다. 그러나 안타깝게도 그는 차를 계속 탈 수 없었다. 2013년에 베터플레이스의 이사회는 겨우 1,200만 달러에 회사 자산을 매각하면서 이렇게 말했다. "기술적 어려움은 성공적으로 극복했습니다만, 다른 장애물들을 극복할 수 없었습니다."

존속성

모든 기업가는 특정 시장에서 라스트 무버가 되겠다고 계획해야 한다. 그렇다면 먼저 이렇게 물어봐야 할 것이다. '향후 10년, 20년 후에 세상은 어떤 모습일까? 우리 회사는 어떻게 그에 맞출 것인가?'

청정기술 기업 중 이 질문에 대한 훌륭한 답을 할 수 있는 곳은 거의 없었다. 그 결과 망하는 모습도 비슷비슷했다. 에버그린 솔라 Evergreen Solar는 2012년 파산 신청을 하기 몇 달 전에 미국에 있는 공장 중 하나를 닫기로 했다면서 이렇게 설명했다.

"중국에 있는 태양광 업체들은 상당한 정도의 정부 금융 보조를 받습니다……. 우리의 생산 원가는…… 현재 원래 계획했던 수준보다, 그리고 대부분의 서구 제조사보다 낮지만, 여전히 중국의 저가 경쟁사들에 비하면 훨씬 높은 수준입니다."

하지만 한 목소리로 중국을 성토하는 소리가 제대로 터져 나온 것은 2012년이 되어서였다. 미국 에너지국의 자금 지원을 받은 어바운드솔라Abound Solar는 파산 신청을 논의하는 자리에서 "중국 태양전지 회사들의 공격적인 가격 전략"이 "초기 단계에 있는 신생회사가……
현재의 시장 조건에서 규모를 키우기…… 매우 어렵게 만들었다"라
고 원망했다.

2012년 2월에 도산한 태양전지 제조회사 에너지컨버전디바이시스
Energy Conversion Devices는 기자회견 자리에서 중국을 비난하는 것을 넘
어 중국의 유명 태양광 업체 3곳을 상대로 9억 5,000만 달러의 소송
을 제기했다. 같은 해에 솔린드라의 파산 신탁 관리자들 역시 이들
업체를 독점 시도, 담합, 약탈적 가격 설정 등의 명목으로 고소했다.
하지만 중국 제조사들과 경쟁할 것을 정말로 예상할 수 없었을까?
청정기술 사업가들은 사업 존속성과 관련된 질문을 이렇게 바꿔서
해봤어야 할 것이다. '어떻게 하면 중국이 내 사업을 말살시키지 않
게 만들까?' 이에 대한 답이 없었다면 이런 결과는 놀랄 일이 아니
었다.

청정기술 기업들은 똑같은 친환경 제품을 제조하면서 경쟁을 예상
하지 못했을 뿐만 아니라 에너지 시장 전체에 대해서도 잘못된 가정
을 하고 있었다. 청정기술 업계는 화석연료가 줄어들 것을 전제로 생
겨난 산업이었지만, 갑자기 셰일가스라는 복병을 만났다. 2000년에
는 미국 천연가스의 1.7퍼센트만이 셰일가스였지만, 5년 후에 이 수
치는 4.1퍼센트까지 상승했다. 그런데도 청정기술 업계의 사람들 중
에서 이런 추세를 진지하게 받아들인 사람은 아무도 없었다. 재생에
너지만이 앞으로 유일한 해결책이고, 화석연료는 '절대로' 더 저렴해
지거나 깨끗해질 수 없다고 생각한 것이다.

하지만 그런 일이 일어났다. 2013년이 되자 셰일가스는 미국 천연가스의 34퍼센트를 차지했고, 가스 가격은 2008년 이후 70퍼센트 이상 떨어지면서 대부분의 재생에너지 사업 모델을 망연자실하게 만들었다. 셰일가스 역시 존속 가능한 에너지 해결책은 아닐지 모르지만, 앞을 내다보지 못한 청정기술 기업들을 몰락시키기에는 충분했다.

숨겨진 비밀

청정기술 기업의 모든 사람들은 더 깨끗한 세상이 필요하다는 보편화된 관습을 바탕으로 스스로를 정당화했다. 사람들은 대체에너지 기술에 대한 사회적 요구가 엄청나니까 모든 종류의 청정기술 기업을 위한 비즈니스 기회도 엄청날 거라고 믿으며 스스로를 속였다.

태양광이 뜨기 시작하던 2006년에 청정기술이 얼마나 보편적인 생각이었는지 살펴보자. 그해에 조지 W. 부시 대통령은 미래에 "태양열 지붕 덕분에 미국 가정은 스스로 전기를 생산할 수 있을 것"이라고 전했다. 투자자이자 청정기업 경영자였던 빌 그로스Bill Gross는 "태양광 산업의 잠재력이 어마어마하다"라고 선언했다. 당시 태양광 업체 솔라리아Solaria의 CEO였던 수비 샤르마Suvi Sharma는 태양광에 '골드러시' 느낌이 있다고 인정하면서도 "진짜 골드도 있다. 우리에게는 태양광이 골드다"라고 말했다.

하지만 이렇게 관습적인 생각을 허둥지둥 받아들이는 바람에 수십 군데의 태양전지 회사(그 중 몇 개만 언급해보면 큐셀즈Q-Cells, 에버그린 솔라, 스펙트라와트, 심지어 그로스가 세운 에너지이노베이션즈Energy Innovations 까지)가 촉망받으며 시작된 지 얼마 되지도 않아 파산 법정으로 향했다. 이들은 모두가 동의하는 널리 관습화된 생각만으로 자신들의 미래가 밝을 것이라고 생각했다. 그러나 위대한 기업들은 숨겨진 비밀을 갖고 있다. 남들은 보지 못하는, 성공할 수밖에 없는 구체적 이유가 있다.

사회적 기업의 함정

청정기술 사업가들은 대부분의 기업이 정의하는 성공 이상의 것을 목표로 했다. 청정기술 버블은 '사회적 기업' 역사상 가장 큰 현상이자 가장 큰 몰락이었다.

사업에 대한 이런 박애주의적 접근이 시작된 것은 기업이나 비영리단체들이 지금까지는 양 극단에 있었다는 생각 때문이었다. 기업들은 거대한 힘을 가지고 있었지만 이윤이라는 동기에 발목이 잡혀 있었고, 비영리 단체들은 공익을 추구했지만 더 넓은 경제적 측면에서 보면 미미한 참가자에 불과했다. 사회적 기업가들은 양쪽 세계에서 좋은 것들만 결합해 '좋은 일을 해서 성공하자'라는 것을 목표로 삼았다. 그리고 보통은 결국 둘 중 어느 것도 이루지 못했다.

사회적 목표와 재무 목표 사이의 모호함도 문제였지만, '사회적'
이라는 단어의 모호함이야말로 더욱 큰 문제였다. '사회적으로 좋은
것'은 사회를 '위해서' 좋은 것인가, 아니면 그저 사회가 '보기에' 좋
은 것인가? 모두에게 칭찬을 받을 만큼 좋은 것은 보편적으로 그렇게
인정되는 것들밖에 없었다. 예컨대 그린에너지 같은 일반적 아이디
어처럼 말이다.

진보의 발목을 잡는 것은 기업의 탐욕과 비영리 단체의 선한 의도
가 아니라 두 가지가 똑같다는 사실이다. 기업들이 서로를 베끼는 것
과 마찬가지로 비영리 단체들도 다들 똑같은 사항을 우선적으로 추
진한다. 그리고 그 결과를 보여준 것이 청정기술 산업이었다. 차별화
되지 않는 수백 가지의 제품이 지나치게 넓은, 똑같은 하나의 목표를
표방했다.

사회를 위해서 정말로 좋은 일은 뭔가 남들과 '다른' 일을 하는 것
이다. 그리고 그렇게 하는 것이야말로 기업이 새로운 시장을 독점해
이윤을 만드는 방법이기도 하다. 최고의 프로젝트는 다들 떠들어대
는 것이 아니라 남들에게 간과되고 있을 가능성이 크다. 가장 덤벼볼
만한 문제는 아무도 해결해보려고 하지조차 않는 문제일 때가 많다.

테슬라: 7점 만점에 7점

테슬라는 청정기술 기업들 중에서는 보기 드물게도 2000년대에 출발

해 지금까지도 번창하고 있는 회사다. 테슬라 역시 청정기술이라는 사회적 유행에 편승했지만 테슬라는 일곱 가지 질문에 대한 제대로 된 답을 갖고 있었고, 그래서 그들의 성공은 많은 교훈을 준다.

- **기술 ┃** 테슬라는 다른 회사들이 의지할 만큼 훌륭한 기술을 갖고 있었다. 다임러Daimler는 테슬라의 배터리팩 기술을 사용했고, 메르세데스벤츠Mercedes-Benz는 테슬라의 구동 장치를, 토요타는 테슬라의 모터를 사용했다. 제너럴모터스General Motors는 테슬라의 다음 움직임을 파악하려고 전담 팀을 만들기까지 했다. 하지만 테슬라의 기술적 성취 중에서도 가장 훌륭한 부분은 어느 한 부분이나 부품이 아니었다. 오히려 많은 부품들을 결합해 하나의 뛰어난 제품을 만들어내는 능력이었다. 테슬라의 세단 '모델S'는 단순한 부품들의 합계를 넘어 끝에서 끝까지 우아한 디자인을 유지한다. 〈컨슈머리포트Consumer Reports〉는 모델S에 그때까지 자동차 제품에 부여한 최고 점수를 주었고, 〈모터트렌드Motor Trend〉와 〈오토모빌Automobile〉은 둘 다 모델S를 '2013년 최고의 자동차'로 지명했다.

- **시기 ┃** 2009년에는 정부가 청정기술 기업들을 계속해서 지원할 것이라고 생각하기 쉬웠다. '녹색 일자리green jobs 창출'은 정치권에서도 최우선으로 추진하는 과제였고, 연방 보조금도 이미 책정되어 있었으며, 의회는 '탄소배출권 거래제'를 통과시킬 것

처럼 보였다. 그러나 다른 회사들은 넉넉한 보조금이 끝없이 흘러들 거라고 생각하고 있을 때, 테슬라의 CEO 일론 머스크는 기회가 한 번밖에 없을 거라고 생각했다. 2010년 1월(오바마 행정부 하에서 솔린드라가 무너지고, 보조금 문제가 정치 쟁점화되기 약 1년 반 전이었다), 테슬라는 미국 에너지국으로부터 4억 6,500만 달러의 대출금을 확보했다. 2000년대 중반에 5억 달러에 가까운 보조금은 상상조차 하기 힘든 액수였고, 그것은 지금도 마찬가지다. 이것이 가능했던 순간은 역사상 단 한 번뿐이었는데, 테슬라가 그 기회를 완벽하게 포착한 것이다.

- **독점 |** 테슬라는 자신이 지배할 수 있는 아주 작은 하위 시장에서부터 시작했다. 바로 고가의 전기차 스포츠카 시장이었다. 2008년 첫 로드스터Roadster가 생산 라인에 오른 이후, 테슬라는 로드스터를 겨우 3,000대 정도밖에 팔지 못했다. 하지만 한 대에 10만 9,000달러짜리 차량이었으니 적은 액수는 아니었다. 작게 시작했기 때문에 테슬라는 약간 덜 비싼 모델S의 연구개발에 착수할 수 있었고, 이제는 고급 전기차 세단 시장까지 차지하게 되었다. 테슬라는 2013년에 2만 대 이상의 세단을 팔았고, 지금은 더 큰 시장으로 확장하기에 좋은 위치에 와 있다.

- **사람 |** 테슬라의 CEO는 완벽한 공학자인 '동시에' 세일즈맨이었다. 그러니 그는 자신의 팀도 두 가지를 모두 잘하는 사람들

로 구성했다. 일론은 자신의 스태프들을 이렇게 설명했다. "테슬라에 들어왔다면 특수부대에 있기로 한 거나 마찬가지죠. 정규군도 문제는 없지만, 테슬라에서 일한다면 한 차원 높은 게임을 해야 합니다."

● **유통** | 대부분의 회사들은 유통의 중요성을 과소평가하지만, 테슬라는 유통을 너무나 진지하게 생각한 나머지 유통체인 전체를 직접 소유하기로 결정했다. 다른 자동차 회사들은 독립 대리점들의 신세를 져야 한다. 포드Ford와 현대Hyundai는 자동차를 만들지만 파는 것은 다른 사람이 해주어야 한다. 테슬라는 직영점에서 자동차를 직접 팔고 서비스까지 한다. 이런 방식을 취하면 전통적인 대리점에 비해 처음에는 돈이 더 많이 들지만, 고객 경험을 통제할 수 있고 테슬라의 브랜드를 강화해주기 때문에 장기적으로는 비용이 절약된다.

● **존속성** | 테슬라는 선발주자이면서 누구보다 빠르게 움직인다. 이 말은 곧 향후 몇 년간 뒤에 오는 기업들과의 격차가 더 커질 것이라는 뜻이다. 사람들이 갈망하는 브랜드라는 것 자체가 테슬라가 돌파구를 마련했다는 분명한 신호다. 자동차는 사람들에게 가장 큰 구매 결정 중 하나고, 그런 분야에서 소비자의 신뢰를 얻는 것은 매우 힘든 일이다. 다른 자동차 회사들과는 달리 테슬라는 아직도 창업자가 사업을 책임지고 있으므로 당분

간은 느슨해질 걱정이 없다.

- **숨겨진 비밀** | 테슬라는 청정기술에 대한 관심을 주도하는 것이 유행이라는 사실을 알고 있었다. 부유한 사람들은 특히나 상자처럼 생긴 프리우스나 못생긴 혼다 인사이트Honda Insight를 모는 한이 있더라도 '친환경'적으로 보이고 싶어 했다. 이런 차의 운전자들을 근사하게 보이게 만들어주는 것은 환경을 생각하는 유명 영화배우들도 같은 차를 소유하고 있다는 사실뿐이었다. 그래서 테슬라는 누가 운전하든 상관없이 운전자를 근사하게 보이게 만들어줄 차를 만들기로 했다. 그리고 나니 리어나도 디캐프리오조차 프리우스를 버리고 값비싼 (그리고 비싸 보이는) 테슬라 로드스터를 택했다. 일반 청정기술 기업들은 스스로를 차별화하느라 고전했지만, 테슬라는 청정기술이 환경적 의무보다 오히려 사회적 현상이라는 숨겨진 비밀을 바탕으로 고유한 브랜드를 구축했다.

에너지 2.0

테슬라의 성공으로 청정기술에 원래부터 뭔가가 잘못된 것은 아니라는 사실이 증명되었다. 청정기술의 기본적인 큰 아이디어는 옳았다. 세상은 정말로 새로운 에너지원을 필요로 하며, 에너지는 가장 중요한 자원이다. 에너지가 있어야 우리는 밥을 먹고, 집을 짓고, 편안히 살기 위한 모든 일을 할 수 있다.

전 세계 대부분의 사람들은 지금의 미국인들처럼 편안하게 살기를 꿈꾼다. 그리고 우리가 새로운 기술을 쌓지 않는 이상, 글로벌화는 점점 더 심각한 에너지 위기를 초래할 것이다. 세상에는 옛날 방식을 그대로 반복하거나 재분배를 통해서 번영에 이를 수 있을 만큼 충분한 자원이 없다.

청정기술은 에너지의 미래가 낙관적일 수 있는 방법을 제시한다. 하지만 불명확한 낙관적 투자자들이 구체적인 사업 계획도 없는 회사들에게 그린에너지라는 일반적인 아이디어를 놓고 도박하듯이 자금을 쏟아 붓자 결과적으로는 버블이 형성되었다. 2000년대 대체에너지 기업들의 평가 가치와 그보다 10년 전 나스닥의 등락 모습을 나

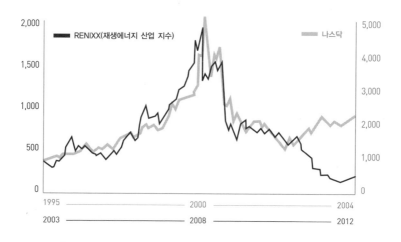

란히 배치해보면 비슷한 모양이 되는 것을 알 수 있다.

1990년대의 대표 아이디어는 '인터넷이 크게 성장할 것이다' 라는 것이었다. 하지만 너무나 많은 인터넷 기업들이 정확히 똑같은 생각을 갖고 있었고, 다른 아이디어는 없었다. 기업가는 거시적 차원의 통찰에서 이익을 창출할 수는 없다. 자신의 사업 계획 역시 거시적 규모로 시작되는 게 아닌 이상은 말이다. 청정기술 기업들도 똑같은 문제에 봉착했다. 세상이 아무리 많은 에너지를 필요로 한다고 하더라도 특정 에너지 문제에 대한 뛰어난 해법을 제공하는 회사만이 돈을 벌 수 있었다. 아무리 어느 분야가 중요해도 그저 참여하는 것만으로 저절로 위대한 기업이 만들어질 수는 없다.

인터넷 버블은 청정기술 버블보다 규모도 훨씬 더 컸고, 붕괴의 충격도 훨씬 더 고통스러웠다. 그래도 1990년대의 꿈은 옳았던 것으로 드러났다. 회의주의자들은 인터넷이 출판이나 소매 판매업 혹은 일상적 사회생활을 근본적으로 바꿔놓을 것이라는 생각을 의심했다. 2001년에는 그들이 선견지명이 있는 사람들처럼 보였지만, 지금은 그렇지 않다. 닷컴 붕괴 사태의 파편 한가운데서 웹 2.0 스타트업들이 성공적으로 출범했듯이, 청정기술 버블 붕괴 사태 이후에도 우리는 성공한 에너지 신생기업들을 발견하게 될까?

에너지 해법에 대한 거시적 필요성은 아직도 살아 있다. 하지만 가치 있는 기업이 되려면 틈새시장을 찾아내 작은 시장을 지배하는 데서부터 시작해야 한다. 페이스북은 대학 캠퍼스 하나를 위한 서비스에서 시작해 다른 학교로 전파되고 전 세계로 퍼져나갔다. 에너지 해법을 위한 작은 시장을 찾는 일은 쉽지 않을 것이다. 하지만 외딴 섬에서 디젤 대신 사용할 전력원을 목표로 삼아볼 수도 있다. 또는 적지의 군사시설에 빠르게 설치할 수 있는 모듈형 원자로를 목표 시장으로 잡을 수도 있을 것이다. 역설적인 얘기지만, 에너지 2.0을 창조할 기업가가 도전해야 할 장애물은 '작게 생각' 하는 것이다.

14
창업자의
역설

페이팔을 함께 시작한 여섯 명 중에서 네 사람은 고등학교 때 폭탄을 제조한 경험이 있었다.

다섯 명은 만 23세 이하였다. 우리 중 넷은 미국 밖에서 태어났고, 셋은 공산 국가를 탈출해 이곳으로 왔다. 유 팬Yu Pan은 중국에서 왔고, 루크 노섹은 폴란드에서, 맥스 레브친은 소비에트 산하의 우크라이나에서 왔다. 당시 이들 나라에서도 정상적인 아이들이 폭탄을 만들거나 하지는 않았다.

우리 여섯 명은 남들 눈에 괴짜처럼 보였을 수도 있다. 나와 루크가 처음으로 나눴던 대화는 루크가 인체냉동보존술 계약을 맺었다는 얘기였다. 맥스는 국가가 없었으면 좋겠다고 했고, 실제로 국적이 없는 것을 자랑스러워했다. 맥스의 가족이 미국으로 탈출하고 있을 때,

소비에트 연방이 붕괴되는 바람에 맥스네 가족은 한동안 외교적으로 붕 뜬 상태로 지냈던 것이다. 러스 시먼스Russ Simmons는 트레일러에 살다가 탈출해 일리노이 주에 있는 수학 및 과학 영재학교에 들어간 경우였다. 전형적으로 유복한 미국 가정에서 자란 사람은 켄 하워리 Ken Howery 한 사람밖에 없었다. 그래서인지 켄은 페이팔 내에서 유일한 이글 스카우트Eagle Scout(보이 스카우트 중에서 가장 높은 계급)였다.

하지만 켄의 친구들은 켄이 대형 은행에서 제안받은 봉급의 3분의 1밖에 안 되는 돈으로 우리와 합류한 것이 미친 짓이라고 생각했다. 그러니 켄도 완전히 정상은 아닌 셈이었다.

| 1999년의 페이팔 팀 |

창업자들은 누구나 다 특이한 사람들일까? 아니면 우리가 그들의 특이한 면만 과장해서 기억하는 걸까? 그보다 더 중요한 문제로, 창업자가 되려면 개인적 특성 중에 어떤 것이 중요할까? 이번 장에서는 바꿀 수 있는 관리형 경영자가 아니라 탁월한 개인 한 명이 회사를 이끌어가는 것이 왜 더 강력하고, 동시에 위험한지에 관해 이야기해본다.

창업자들은 무엇이 다른가

세상에는 강한 사람도 있고 약한 사람도 있고, 천재도 있고 멍청이도 있지만, 대부분의 사람은 그 중간에 있다. 모든 사람이 어디쯤 해당하는지 그래프로 나타낸다면 종형 곡선이 나올 것이다.

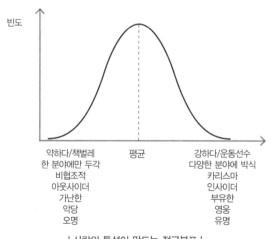

| 사람의 특성이 만드는 정규분포 |

 창업자들 중에는 극단적인 특성을 지닌 사람이 워낙 많기 때문에 창업자들의 특성만 모아서 그래프로 그리면 양쪽 끝에 더 많은 사람이 모여 있는, 양 끝이 뚱뚱한 그래프가 될 거라고 생각하는 사람도 있을 것이다.

 하지만 그것으로는 창업자들의 가장 특이한 부분을 제대로 짚어낼 수가 없다. 우리는 보통 반대되는 특성은 서로 배타적일 것이라고 생각한다. 한 예로 평범한 사람은 부자이면서 동시에 가난할 수는 없다. 하지만 창업자들에게는 이런 일이 비일비재하다. 신생기업의 CEO들은 현금은 없으면서도 장부상으로는 백만장자일 수 있다. 뚱하고 고약하게 굴다가도 갑자기 매력적인 카리스마를 뿜어낼지도 모른다. 그리고 성공한 기업가들은 거의가 인사이더insider인 동시에 아웃사이더outsider다.

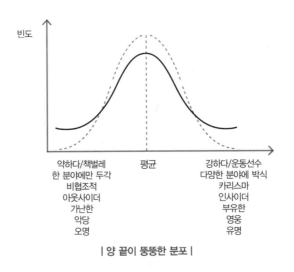

| 양 끝이 뚱뚱한 분포 |

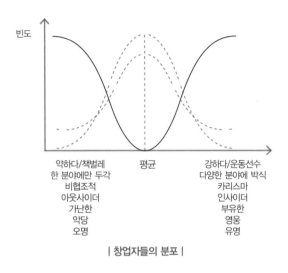

| 창업자들의 분포 |

그런 사람들이 실제로 성공하면 명성과 오명을 동시에 떨친다. 그래서 창업자들의 특성으로 그래프를 그리면 뒤집어진 정규분포 모양이 된다.

이 이상하고 극단적인 특성 조합은 대체 어디서 오는 걸까? 태어날 때부터 그랬을 수도(천성) 있고, 개인의 환경을 통해 습득된 것일 수도(양육) 있다. 하지만 아마도 창업자들은 겉으로 보이는 것만큼 극단적이지는 않을 것이다. 혹시 그들이 전략적으로 어느 특성을 과장하는 것은 아닐까? 아니면 혹시 다른 모든 사람이 창업자를 과장되게 표현하는 것은 아닐까? 이런 요인들이 모두 동시에 작용하는 것일 수도 있다. 실제로 그렇다면 각 요인은 서로를 더욱 강화할 것이다. 이런 순환 관계는 보통 특이한 사람으로 시작해 더욱 특이하게 보이거나 특이한 행동을 하는 것으로 끝난다.

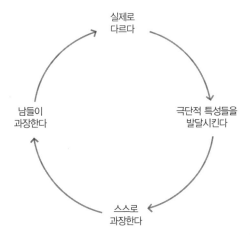

버진그룹Virgin Group을 설립한 억만장자 리처드 브랜슨Richard Branson
의 경우를 한번 살펴보자. 그는 타고난 기업가라고 부를 수 있는 사
람이다. 브랜슨은 16세에 첫 회사를 차렸고, 겨우 22세에 버진레코드
Virgin Records를 설립했다. 하지만 그의 다른 명성들은(예컨대 그의 트레이
드마크인 사자 갈기 같은 헤어 스타일) 꼭 타고난 것이라고 보기는 어렵다.
실제로 그런 외모로 태어나지는 않았을 테니 말이다.

브랜슨이 다른 극단적인 특성들(나체의 슈퍼모델과 카이트보딩을 탄 것
은 일부러 시선을 끌려고 그런 것일까? 아니면 그냥 재미있게 놀고 있었던 걸까?
양쪽 다일까?)을 키우는 동안 미디어는 계속 그를 뭔가의 '왕' 이라고
불렀다. 브랜슨은 '버진의 왕' 이었고, '틀림없는 홍보의 왕' 이었으
며, '사막과 우주의 왕' 이었다. 버진애틀랜틱항공Virgin Atlantic Airways이
탑승객들에게 음료와 함께 브랜슨의 얼굴 모양을 한 얼음을 제공하
기 시작하자, 브랜슨은 '얼음 왕' 이 되었다.

　브랜슨은 훌륭한 홍보팀과 미디어 덕분에 우연히 명사가 된 평범한 사업가일까? 아니면 저널리스트들을 조종해 두각을 드러낸 타고난 브랜드 전략의 천재일까? 어느 쪽인지는 말하기 어렵다. 어쩌면 둘 다일 것이다.

| 리처드 브랜슨 |

　또 다른 예는 숀 파커Sean Parker다. 숀 파커는 극단적인 아웃사이더에서 시작한 인물이었다. 범죄자였으니 말이다. 숀은 고등학교 때 용의주도한 해커였다. 하지만 숀이 16세 때 아들이 컴퓨터에 너무 많은 시간을 쓴다고 생각한 숀의 아버지가 숀의 키보드를 내다 버리는 일이 일어났다. 숀은 로그아웃을 하지 않은 상태였고, FBI가 이

사실을 눈치챘다. 곧 연방 요원들이 들이닥쳐 숀을 체포해 갔다.

숀은 미성년자였기 때문에 쉽게 풀려났다. 하지만 이 일로 숀은 좀 더 대담해졌다. 3년 후 숀은 냅스터를 공동 설립했다. 이 P2P 파일 공유 서비스 회사는 첫 해에 1,000만 명의 이용자를 끌어모았고, 역사상 가장 빠르게 성장하는 회사가 되었다. 하지만 레코드 회사들이 소송을 제기했고, 연방 판사는 20개월 된 이 회사를 문을 닫으라고 명령했다. 파란만장한 일들이 한바탕 지나가고 숀은 다시 아웃사이더가 되었다.

그다음에 나타난 것이 페이스북이었다. 숀은 2004년에 마크 저커버그를 만나 페이스북의 첫 자금 모집의 협상을 도와주었고, 페이스북의 초대 회장이 되었다. 2005년 그는 약물 사용 의혹을 받던 중 회장직을 내놓아야 했지만, 이로써 그의 악명은 더욱 높아졌다. 영화 〈소셜 네트워크〉에서 저스틴 팀버레이크가 숀의 모습을 그려낸 이후 숀은 미국에서 가장 멋진 인사 중 한 명으로 인식되고 있다. 여전히 저스틴 팀버레이크가 숀보다 유명하지만, 저스틴 팀버레이크가 실리콘밸리를 방문하면 사람들은 그에게 "당신이 숀 파커냐?"라고 물어본다.

전 세계에서 가장 유명한 사람들 역시 창업자들이다. 유명인사들은 회사가 아니라 개인 브랜드를 설립하고 키운다. 예를 들어 레이디 가가Lady Gaga는 살아 있는 사람들 가운데 가장 영향력 있는 사람 중 한 명이 되었다. 하지만 레이디 가가가 실제로 사람이긴 한 걸까? 그녀의 본명은 무슨 비밀도 아니지만 아는 사람도, 신경 쓰는 사람도

| 숀 파커(왼쪽)와 레이디 가가(오른쪽) |

거의 없다. 레이디 가가는 누군가 다른 사람이 입었다가는 정신병자로 오인받아 잡혀갈 만큼 괴상한 의상을 입는다. 그리고 그녀의 두 번째 앨범 제목이자 타이틀곡의 제목처럼 자신이 '그런 식으로 태어났다 born this way'라고 믿게 만든다. 하지만 머리에서 뽑난 좀비 같은 모습으로 태어나는 사람은 없다. 따라서 레이디 가가는 그녀 자신이 스스로 제조한 신화가 틀림없다. 그렇다면 대체 스스로에게 레이디 가가와 같은 짓을 하는 사람은 어떤 사람일까? 분명 정상적인 사람은 아닐 것이다. 그렇다면 레이디 가가는 아마 정말로 그런 식으로 태어났을 것이다.

왕들은 어디서 오는 걸까

극단적인 창업자들의 모습은 인간사에서 새로운 것이 아니다. 고전 신화에는 그런 사람들이 수두룩하다. 오이디푸스는 인사이더이자 아웃사이더인 사람의 전형이다. 그는 아기 때 버려졌고, 해외에서 종말을 맞았다. 그러나 근사한 왕이었고, 스핑크스의 수수께끼를 풀 만큼 똑똑했다.

로물루스와 레무스도 왕족으로 태어나 고아로 버려졌다. 두 사람은 자신들의 혈통을 깨닫고는 도시를 세우기로 했다. 하지만 어디에 세울지 합의를 보지 못했다. 로물루스가 로마의 끝이라고 정해놓은 경계를 레무스가 넘어버리자, 로물루스는 레무스를 죽이고 이렇게 선언했다. "앞으로 내 벽을 넘는 자는 누구든 죽을 것이다." 법을 만드는 사람이면서 동시에 법을 어기는 사람이었고, 범죄자인 동시에 로마를 세운 왕이었던 로물루스는 자기 모순적인 인사이더이자 아웃사이더였다.

보통의 사람들은 오이디푸스도, 로물루스도 아니다. 실제로 그들이 어떤 사람들이었든 간에 신화가 된 그들의 모습은 극단적인 면만 남아 있다. 그런데 고대 문화는 그렇게 특이한 사람들을 기억하는 것이 왜 그토록 중요했을까?

유명세나 오명을 떨쳤던 이들은 언제나 민심을 반영했다. 번영기에는 칭송을 받았고, 불운이 닥치면 원망을 받았다. 원시사회는 근본적인 문제가 한 가지 있었다. 충돌을 멈출 방법을 찾지 않으면 그 충돌 때문에 갈기갈기 분열되고 만다는 점이었다. 그래서 전염병이나 자연재해 혹은 난폭한 경쟁 등이 평화를 위협하면 전체 책임을 한 사람에게 돌리는 것이 사회에 이로웠다. 누구나 동의할 수 있는 한 명의 희생양에게 모든 책임을 돌린 것이다.

그렇다면 누가 가장 효과적인 희생양일까? 창업자들과 마찬가지로 희생양은 극단적이고 모순적인 인물들이다. 한편으로 희생양은 필연적으로 약한 사람이다. 스스로가 희생되는 것을 막지 못할 만큼 무력한 사람인 것이다. 다른 한편으로 희생양은 비난을 받아냄으로써 충돌을 완화시키는 인물처럼 그 공동체에서 가장 힘 있는 구성원이다.

처형을 당하기 전 희생양은 신과 같은 숭배를 받는 경우가 많았다. 아즈텍인들은 희생자를 희생자들이 바쳐지는 신의 현신現身이라고 생각했다. 희생자는 심장이 꺼내지기 전, 아주 짧은 시간 동안 좋은 옷을 입고 진수성찬을 먹었다. 이게 바로 군주제의 뿌리다. 모든 왕들은 살아 있는 신이었고, 모든 신은 살해당한 왕이었다. 어쩌면 현대의 모든 왕은 자신의 처형을 계속 미루고 있는 희생양인지도 모른다.

미국의 왕족들

유명인사들은 소위 '미국의 왕족'이다. 우리는 우리가 가장 좋아하는 공연자들에게 영광의 칭호들을 붙인다. 엘비스 프레슬리는 '록의 왕',

| 엘비스 프레슬리, 마이클 잭슨, 브리트니 스피어스(왼쪽부터) |

마이클 잭슨은 '팝의 왕', 브리트니 스피어스는 '팝의 공주'였다.

하지만 그런 칭호들은 지속되지 않았다. 1970년대에 자멸한 엘비스 프레슬리는 과체중으로 변기에 앉은 채 혼자서 죽었다. 오늘날 그를 흉내 내는 사람들은 마르고 근사한 모습이 아니라 뚱뚱하고 너저분한 모습이다.

마이클 잭슨은 사랑받는 어린 스타에서 변덕스럽고 거북한 모습으로 약물에 중독된 껍데기만 남았다. 세상은 마이클 잭슨의 재판에서 나온 시시한 이야기들을 실컷 떠들어댔다.

브리트니 스피어스의 이야기는 그 중에서도 가장 극적이다. 우리는 무無에서 브리트니 스피어스를 창조해냈다. 10대 소녀를 슈퍼스타로 승격시킨 것이다. 그리고 나자 모든 것이 궤도를 벗어났다. 머리

| 살찐 엘비스 프레슬리, 나이 든 마이클 잭슨, 망가진 브리트니 스피어스(왼쪽부터) |

를 빡빡 밀어버린 모습이 목격되었고, 과식증과 거식증에 대한 소문이 돌았고, 자녀를 뺏긴 재판 내용이 널리 공개되었다. 그녀는 항상 조금은 미친 상태였을까? 아니면 유명세 때문에 그렇게 되었을까? 그것도 아니면 더 많은 유명세를 얻으려고 그런 것일까?

추락한 스타들 중에는 죽음으로 부활한 이들도 있다. 인기 음악인들 중에는 27세에 죽은 사람이 많았다. 재니스 조플린, 지미 핸드릭스, 짐 모리슨, 커트 코베인처럼 말이다. 그래서 이들은 불멸의 '27클럽'이 되었다. 2011년 이 클럽에 가입한 에이미 와인하우스는 이렇게 노래했다. "사람들이 나를 재활원에 보내려고 했지만 나는 이렇게 말했죠. '싫어, 싫어, 싫어.'" 어쩌면 재활원은 불멸로 가는 길을 가로막았기에 그토록 매력이 없어 보였는지도 모른다. 영원한 '록의 신'으로 남으려면 아마도 요절하는 방법밖에 없을 것이다.

| 재니스 조플린, 짐 모리슨, 커트 코베인, 에이미 와인하우스(왼쪽부터) |

　우리는 유명인들에게 하듯이 기술 기업의 창업자들도 숭배했다가 경멸했다가 한다. 20세기의 기술 기업 창업자들 중 가장 극적인 경우는 명성을 날리다가 동정의 대상으로 전락한 하워드 휴스Howard Hughes일 것이다. 그는 부유한 집안에 태어났지만, 언제나 호화로운 생활보다는 공학에 더 관심이 있었다. 11세 때 그는 휴스턴의 첫 라디오 송신기를 만들었고, 이듬해에는 휴스턴의 첫 오토바이를 만들었다. 30세가 될 때까지 그는 상업적으로 성공한 영화 9편을 만들었다. 할리우드가 기술 혁신의 선봉에 있던 시절이었다. 하지만 휴스는 동시에 비행사로서의 경력으로 더욱 유명했다. 그는 비행기를 설계했고, 만들었고, 직접 몰았다. 휴스는 비행기로 항공 속도, 대륙 횡단 시간, 세계 일주 시간 등에서 세계 기록을 수립했다.

　휴스는 누구보다 높이 나는 것에 집착했다. 그는 자신이 그리스의 신이 아니라 인간에 불과하다는 얘기를 자주 했다. 이런 말은 인간이

신에 비견되고 싶을 때만 하는 얘기다. 휴스는 '우리와 똑같은 기준
으로 얘기하면 안 되는 사람'이라고 휴스의 변호사는 연방 법원에서
주장했다. 휴스는 변호사에게 돈을 주며 그렇게 말하라고 시켰는데,
〈뉴욕타임스〉에 따르면 "이 부분에 대해서는 배심원단도 이의가 없
었다"고 한다. 1939년 비행 업적을 인정받아 미국 의회 금메달을 받
았을 때 휴스는 메달을 받으러 나타나지도 않았다. 몇 년 후, 트루먼
대통령이 백악관에서 이 메달을 발견하고는 우편으로 그에게 부쳐주
었다.

휴스의 최후는 1946년부터 시작되었다. 그는 세 번째이자 최악의
충돌 사고를 겪었다. 그때 죽었다면 휴스는 역사상 가장 늠름하고 성

| 젊은 하워드 휴스(왼쪽)와 어두운 말년의 휴스(오른쪽) |

239

공한 미국인으로 영원히 기억되었을 것이다. 그러나 그는 가까스로 목숨을 건졌다. 그는 집착적이고 강박적으로 바뀌었고, 진통제에 중독되었으며, 대중들로부터 물러나 남은 30년을 혼자서 자기가 만든 감금 생활로 마감했다. 휴스는 언제나 약간 미치광이처럼 행동했다. 어지간하면 아무도 미친 사람은 건드리지 않는다는 생각에서였다. 하지만 미친 행동이 미친 삶으로 바뀌었을 때, 그는 경외의 대상인 것만큼이나 동정의 대상이 되었다.

최근에 눈에 띄게 성공하면 눈에 띄게 공격받을 수 있다는 사실을 보여준 사람은 빌 게이츠였다. 게이츠는 창업자의 전형적 모습을 띠고 있었다. 그는 서투르고 책벌레 같은 모습의 대학 중퇴 아웃사이더인 동시에 세계에서 가장 부유한 인사이더였다. 그는 자신만의 뚜렷한 이미지를 만들어내려고 괴짜처럼 보이는 안경을 전략적으로 선택한 걸까? 아니면 책벌레 같은 본성은 고쳐지지가 않는 거라서 괴상한 안경이 그를 선택한 걸까? 정답은 알기 힘들다. 그러나 그의 지배력만큼은 부인할 수 없다. 2000년에 마이크로소프트의 윈도는 운영체제 시장의 90퍼센트를 점유하고 있다고 주장했다. 그해 앵커 피터 제닝스 Peter Jennings는 다음과 같은 그럴싸한 질문을 던졌다. "현재 전 세계에서 누가 더 중요한 사람일까요? 빌 클린턴일까요, 빌 게이츠일까요? 저는 모르겠네요. 해볼 만한 질문이에요."

미국 법무부는 이 수사의문문을 의문으로 놔두지 않고 조사를 진행해 마이크로소프트를 '반경쟁 행위'로 고소했다. 2000년 6월, 법원은 마이크로소프트를 쪼개라고 명령했다. 게이츠는 6개월 앞서 마

| 성공한 창업자 빌 게이츠, 무수한 견제에 둘러싸이다 |

이크로소프트의 CEO직을 내려놓고, 어쩔 수 없이 대부분의 시간을 신기술을 만드는 것이 아니라 법률적 위협에 대응하는 데 보내고 있었다. 이후 항소 법원은 해체 명령을 뒤집었고, 마이크로소프트는 2001년 정부와 합의를 도출했다. 하지만 그때쯤에는 이미 게이츠의 적들이 게이츠가 회사에 전념할 수 없도록 시간을 뺏을 만큼 뺏은 상황이었다. 마이크로소프트는 상대적 침체기에 돌입했다. 지금 게이츠는 기술 전문가로서보다는 자선 사업가로 더 잘 알려져 있다.

왕의 귀환

마이크로소프트에 대한 법적 공방이 빌 게이츠의 지배력을 끌어내리고 있을 때, 스티브 잡스는 애플에 돌아와 창업자의 대체 불가능한 가치를 증명해 보였다. 어떻게 보면 스티브 잡스와 빌 게이츠는 정반대였다. 잡스는 예술가였고, 폐쇄적 시스템을 더 좋아했으며, 다른 무엇보다 훌륭한 제품에 대해 고민하는 데 자신의 시간을 보냈다. 반면에 게이츠는 사업가였고, 제품을 공개했으며, 세상을 운영하고 싶어 했다. 하지만 두 사람 다 인사이더이자 아웃사이더였고, 자신들이 세운

| 대체 불가능한 창업자의 가치를 증명한 스티브 잡스 |

회사가 그 누구도 이루지 못했을 성취를 이룰 때까지 밀어붙였다.

맨발로 돌아다니며 샤워하기를 거부했던 대학 중퇴자 출신의 잡스는 스스로 만들어낸 광신적 인격에 속한 사람이었다. 그는 기분에 따라, 혹은 어쩌면 계산에 따라, 카리스마 있는 모습을 보였다가 미친 듯한 모습을 보였다. 더 큰 어떤 전략의 일부가 아니고서야 사과만 먹었던 그의 이상한 식습관을 이해하기란 도저히 어렵다. 하지만 이 모든 기행은 1985년 그에게 역효과로 돌아왔다. 좀 더 어른스러운 감독 기능을 맡기려고 데려온 전문 CEO와 잡스가 충돌하자, 애플의 이사회는 잡스를 자신의 회사에서 쫓아내 버렸다.

12년 후에 돌아온 잡스는 비즈니스에서 가장 중요한 과제(새로운 가치를 창출하는 것)는 공식 하나로 압축되어 직업 경영인들이 적용할 수 있는 것이 아님을 보여주었다. 잡스가 임시 CEO로 고용되었던 1997년의 애플은 흠잡을 데 없는 경력의 전임 경영자가 회사를 거의 파산 지경까지 몰고 간 상태였다. 그해 마이클 델Michael Dell이 애플에 관해 했던 얘기는 유명하다. "어쩌겠어요? 문을 닫아서 주주들한테 돈을 돌려주는 수밖에요." 그러나 잡스는 아이팟(2001년)과 아이폰(2007년), 아이패드(2010년)를 연이어 소개하다가 2011년 건강이 악화되어 사임했다. 이듬해 애플은 전 세계에서 가장 가치 있는 기업이 되었다.

결정적으로 애플의 가치는 특정한 인물의 단 하나의 비전에 의존했다. 이 점은 새로운 기술을 창조하는 회사가 이상하게도 보다 '현대적인' 조직이 아니라 봉건적 군주제를 닮는다는 사실을 암시한다. 단 한 사람뿐인 독특한 창업자는 권위 있는 결정을 내릴 수 있고, 강력한 개인적 충성을 얻어낼 수 있으며, 몇십 년을 내다본 계획을 세울 수 있다. 역설적이지만 훈련받은 전문가들로 채워진 비개인적 관료제는 얼마든지 길게 유지될 수 있음에도 오히려 시야가 더 짧다.

기업이 알아야 할 교훈은 우리에게는 창업자가 필요하다는 것이다. 오히려 우리는 이상하고 극단적으로 보이는 창업자들을 더 인내해야 한다. 우리는 단순한 점진적 발전을 넘어 회사를 이끌어갈 수 있는 특이한 개인들이 필요하다.

창업자가 알아야 할 교훈은 개인에 대한 명성과 칭찬은 언제든지 오명과 축출로 바뀔 수 있다는 점이다. 그러니 창업자들은 항상 조심해야 한다.

무엇보다 개인으로서 자신의 힘을 과대평가해서는 안 된다. 창업자들이 중요한 것은 가치 있는 일을 할 수 있는 유일한 사람이어서가 아니라, 위대한 창업자는 자기 회사의 모든 이들에게서 최선의 성과를 끌어낼 수 있기 때문이다. 온갖 독특한 특성을 지닌 창업자들이 필요하다고 해서 우리가 아인 랜드Ayn Rand(소설 《아틀라스》와 《파운튼헤드》의 작가—옮긴이)의 추종자들이 '주동자'라고 부르는, 자신이 주변 모든 사람으로부터 독립적이라고 주장하는 이들을 숭배해야 한다는 뜻은 아니다. 이 점에서 보면 랜드는 절반만 위대한 작가였다. 그녀의 악당들은 진짜였지만 그녀의 영웅들은 가짜였으니 말이다.

골트의 협곡(소설 《아틀라스》에 나오는 주인공 골트가 만든 일종의 공동체
—옮긴이)은 없다. 사회로부터 분리 독립할 수는 없다. 혼자서도 충분
하다고 믿는 것은 강인한 개인의 표지가 아니라 대중의 숭배(혹은 야
유)를 진리로 오해한 사람의 표지일 뿐이다. 창업자에게 가장 큰 위험
은, 스스로가 만든 신화를 너무나 확신한 나머지 미치광이가 되어버
리는 것이다. 똑같이 모든 기업에게 침투할 수 있는 위험은, 모든 의
미의 신화를 잃어버린 후 그 각성이 지혜라고 착각하는 것이다.

맺는말

시간이 흐른다고 미래가 되지는 않는다

아무리 멀리 내다보는 창업자들도 20년, 30년을 넘어서까지 미래에 대한 계획을 세울 수는 없다. 그렇다면 아주 먼 미래에 관해 우리는 과연 무슨 얘기를 할 수 있을까? 구체적인 것은 아무것도 모르지만 대강의 윤곽은 그려볼 수 있다. 철학자 닉 보스트롬Nick Bostrom은 인류의 미래에 네 가지 패턴이 가능하다고 말한다.

고대인들은 모든 역사가 번영과 파멸의 끝없는 반복이라고 보았다. 불과 최근에 와서야 우리는 어쩌면 영원히 불운을 벗어날 수 있을지도 모른다는 희망을 감히 품게 되었다. 그러나 우리가 당연시하는 안정 상태가 정말로 계속될지에 대해서는 여전히 의문을 가질 수 있다.

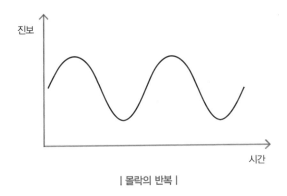

| 몰락의 반복 |

하지만 우리는 보통 불안감을 억누른다. 일반의 통념은 전 세계가 현재 가장 부유한 국가들이 누리고 있는 생활과 비슷한, 발전된 안정기를 향해 수렴될 거라고 생각하는 것 같다. 이 시나리오에 따르면, 미래는 현재와 아주 비슷한 모습일 것이다.

현대 세계가 지리적으로 서로 연결되어 있고 현대적 무기가 유례없는 파괴력을 갖고 있다는 점을 감안하면, 대규모 사회적 재앙이 일어날

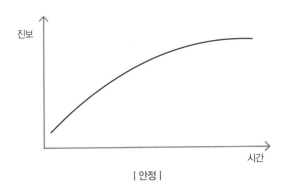

| 안정 |

가능성에 대해서도 생각해보지 않을 수 없다. 그래서 우리는 혹시나 세 번째 시나리오대로 진행되는 것은 아닐까 하는 두려움을 갖고 있다. 너무나 파괴적인 몰락이 일어나 인류가 살아남지 못하는 것 말이다.

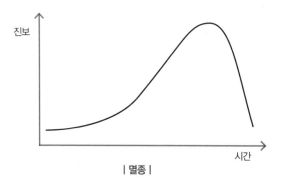

| 멸종 |

그런데 네 가지 가능성 중에서 가장 상상하기가 힘든 것은 마지막 가능성이다. 마지막 시나리오는 훨씬 더 나은 미래를 향해 도약하는 것이다. 이런 돌파구를 찾아낸다면 여러 형태의 결말이 가능하겠지

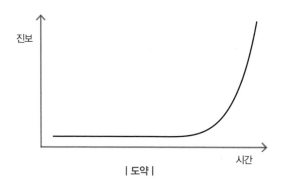

| 도약 |

만, 그것도 모두가 지금과는 너무나 다를 것이기 때문에 감히 묘사조차 해볼 수 없다.

과연 넷 중 어떤 미래가 될까?

몰락이 반복될 것 같지는 않다. 오늘날은 문명의 기초에 대한 지식이 너무나 널리 보급되어 있기 때문이다. 긴 암흑기 이후에 회복기가 이어지는 것보다는 차라리 문명이 전멸하는 것이 더 가능성 있는 얘기로 들린다. 그러나 멸종의 경우에는 인간의 미래에 관해 생각해보고 할 것조차 없다.

미래를 현재와는 다른 모습을 띤 시기라고 정의한다면, 대부분의 사람들은 그 어떤 미래도 예상하고 있지 않다고 봐야 한다. 오히려 사람들은 향후 수십 년간 글로벌화와 융합, 획일성이 증가할 것이라고 예상하고 있다. 이런 시나리오에 따르면, 가난한 나라들이 더 부유한 나라들을 따라잡고 전 세계는 경제적 안정기에 도달할 것이다. 하지만 정말로 글로벌화된 안정기가 가능하다손 치더라도 그런 안정기가 계속 지속될 수 있을까? 기껏해야 지구상 모든 개인과 회사들은 그 어느 때보다 더 치열하게 경제적으로 경쟁해야 할 것이다.

하지만 희소한 자원에 대한 소비 경쟁까지 감안하면 글로벌 안정기가 무한정 지속될 수 있을 것이라고 보기는 힘들다. 경쟁의 압박을 완화해줄 새로운 기술 없이는 정체 상태가 폭발해 충돌로 연결될 가능성이 크다. 전 세계적 규모의 충돌이 일어난다면 정체 상태의 붕괴와 함께 인류는 멸종할 것이다.

이렇게 되면 남는 것은 네 번째 시나리오다. 우리가 새로운 기술을 창조해 훨씬 더 나은 미래를 만들 가능성 말이다. 이런 결과가 가장 극적으로 일어나는 것을 특이점Singularity이라고 부른다. 특이점이란, 새로운 기술이 너무나 강력해서 지금 우리가 이해하는 한도를 뛰어넘는 상황을 상상해 일단 붙여놓은 이름이다.

특이점을 주장하는 사람들 중에서 가장 잘 알려진 인물은 레이 커즈와일Ray Kurzweil(《특이점이 온다》의 저자)이다. 그는 무어의 법칙에서 시작해 수십 가지 분야에서 기하급수적 성장 추세가 지속될 것이라고 본다. 그리고 미래에는 인공지능이 인간을 뛰어넘을 것이라고 자신 있게 예상한다. 커즈와일에 따르면 '특이점이 오는 것'은 피할 수 없는 현상이므로, 우리는 그것을 받아들일 수 있게 스스로를 준비시키는 방법밖에 없다.

하지만 아무리 많은 추세가 이어진다고 해도 미래가 저절로 일어날 수는 없다. 특이점이 어떤 모습을 띨 것이냐 하는 문제보다 더 중요한 것은, 우리가 가장 가능성 높은 두 가지 시나리오 중에서 한 가지를 선택해야만 하는 냉혹한 현실에 직면해 있다는 것이다. 우리의 미래는 아무것도 없거나, 무언가가 있거나 둘 중 하나다. 그리고 그것은 전적으로 우리에게 달려 있다. '미래는 지금보다는 낫겠지'라고 당연하게 생각해서는 안 된다. 더 나은 미래를 만들고 싶다면 지금 우리가 노력해야 한다.

아마도 '우리가 우주적 규모의 특이점에 도달할 수 있을 것이냐'보다 더 중요한 문제는 '우리가 새로운 일을 하기 위해 한 번밖에 없는 기회들을 잡을 수 있을 것이냐' 하는 문제일 것이다. 우리에게 중요한 모든 것들(우주, 지구, 조국, 회사, 인생, 그리고 지금 이 순간)은 단 한 번뿐이다.

지금 우리에게 주어진 과제는 새로운 것들을 창조할 수 있는 하나뿐인 방법들을 찾아내는 것이다. 즉 우리는 0에서 1을 만들어내야 한다. 그래야만 단순히 지금과 다른 미래가 아니라 더 나은 미래를 만들 수 있다. 그러기 위해 꼭 필요한 첫 번째 단계는 스스로 생각해보는 것이다. 처음 고대인들의 눈에 비친 세상이 낯설고도 신기했던 것처럼, 새로운 눈으로 세상을 볼 때만이 우리는 세상을 재창조할 수 있다. 그리고 오직 그때에만 미래가 올 때까지 세상을 보존할 수 있다.

옮긴이 | **이지연**

서울대학교 철학과를 졸업 후 삼성전자 기획 및 마케팅 팀에서 일했다. 현재 전문 번역가로 활동 중이다. 옮긴 책으로는 《디스커버리, 더 나은 세상을 위한 호기심》《빅데이터가 만드는 세상》《단맛의 저주》《플라스틱 바다》《거짓말을 간파하는 기술》《어느 날 당신도 깨닫게 될 이야기》《행복의 신화》《킬 더 컴퍼니》《매달리지 않는 삶의 즐거움》《2012세 계경제대전망》(공역) 등이 있다.

제로 투 원

제1판　1쇄 발행 | 2014년 11월 20일
제1판 71쇄 발행 | 2024년 12월 30일

지은이 | 피터 틸 · 블레이크 매스터스
옮긴이 | 이지연
펴낸이 | 김수언
펴낸곳 | 한국경제신문 한경BP

주소 | 서울특별시 중구 청파로 463
기획출판팀 | 02-3604-556, 584
영업마케팅팀 | 02-3604-595, 562　FAX | 02-3604-599
H | http://bp.hankyung.com　E | bp@hankyung.com
F | www.facebook.com/hankyungbp
등록 | 제 2-315(1967. 5. 15)

ISBN 978-89-475-4756-7　03320